Kochen mit Alkohol

Rezepte und Interviews

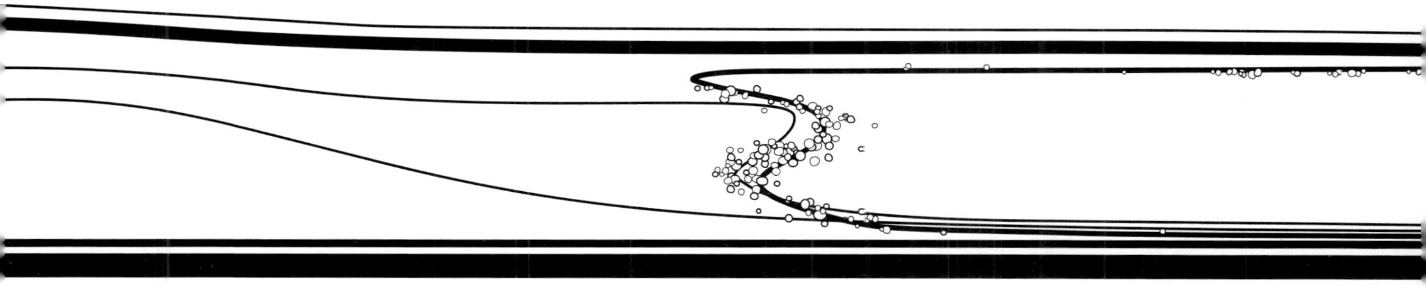

Nina Schellhase, Christian Sälzer und Simon Horn

Birnen
2005

Zündstoff 3

Vorwort

Fast jeder tut es. Schmort Fleisch in Wein oder rundet die Sauce mit einem Schluck Brandy ab. Auch viele nationale Küchen wollen nicht ohne: Was wäre ein Coq au Vin ohne Wein, ein andalusisches Pollo ohne Sherry oder ein Tiramisù ohne Amaretto? Alkoholika jedweder Art in der Küche zu verwenden, ist also keine neue Erfindung. Gleichwohl ist es ein Terrain, auf dem es über die Klassiker hinaus noch vieles zu entdecken gibt: Ingredienzien, Kombinationen, Effekte. Dieses Buch ist eine Einladung, sich einmal quer durch die Hausbar zu kochen.

Von Sekt bis Schnaps – in jeder Flasche steckt gereiftes Wissen, wie man der Natur feinste Aromen abringt, diese halt- und konsumierbar macht. Da wird gegärt und gebrannt, gemischt und gelagert. Most wird in Wein und Cognac verwandelt, Gerste in Wodka und Whisky, Äpfel in Calvados und Cidre. Der geschmackliche Reichtum, der dabei entsteht, ist gewaltig. Eine gut sortierte Bar ist wie ein alchimistischer Zauberkasten – für jeden Zweck gibt es das passende Mittelchen und für jedes Gericht den geeigneten Helfer. Dabei sind Alkoholika stets Wirkung und Würze in einem: Während ihre Aromen den Speisen geschmackliche Raffinesse verleihen, bringt ihr Alkohol die Teilchen auf Trab. Er öffnet Poren, löst Fette, verhindert Kristalle und vieles mehr.

Die elf Kapitel dieses Buches zeigen Rezepte, in denen alkoholische Getränke zum Einsatz kommen – vom Kräuterschaumsüppchen mit Rieslingsekt über die Chili-Sherry-Marmelade und das Rinderfilet mit Whisky bis zum Schwarzbier-Soufflé. Die üblichen Verdächtigen wird man dabei vergeblich suchen, denn die Idee ist nicht, Bekanntes zu servieren. Die Idee ist, Neuland zu betreten. Zwischen den Kapiteln beantworten Expertinnen und Kenner Fragen: Wer eigentlich auf die Idee kam, dass man Bier, Likör und Schnaps auch essen kann? Was Wein bewirkt, wenn man Fleisch darin mariniert? Ob der gesamte Alkohol beim Kochen verfliegt? Wieso Eis durch einen Schuss Likör cremiger wird? Oder warum in Japan mit Sake, aber in Russland nicht mit Wodka gekocht wird?

Deshalb ist „Kochen mit Alkohol“ sowohl Koch- als auch Reisebuch: Der Ausflug führt in heiße Töpfe und eiskalte Truhen, in Fässer und Flaschen, in winzige Molekülverbindungen und große symbolische Ordnungen, zurück in das Mittelalter und einmal um die halbe Welt. Gute Reise!

Nina Schellhase und Christian Sälzer

Inhalt

Kochen mit Alkohol

Der Koch und sein Kurs

Zur Vorbereitung

Was es gibt
Alle Rezepte in diesem Buch stammen aus dem Kopf des Frankfurter Kochs Simon Horn und der Küche seines Restaurants Blumen. Ob Vor-, Haupt- oder Nachspeise, ob mit Anisée, Sekt oder Wodka, ob mariniert wird, abgelöscht, geschmort, gefackelt oder geräuchert – in ihrer Gesamtheit zeigen die Gerichte, dass mit Alkohol mehr geht, als man kennt.

Suchen und Finden
Manche Gerichte sind aufwendig, andere in wenigen Minuten erledigt – jedem sollte man seine Zeit geben. Nicht immer sind die angegebenen Zutaten leicht zur Hand und bei ihrer Beschaffung ist zuweilen Kreativität gefragt. Doch der Aufwand lohnt sich, denn auf dem Weg zum lebendigen Taschenkrebs, zu Topinambur oder auch nur dem Zweig frischen Oreganos gibt es einiges zu lernen und noch mehr zu entdecken.

Wenn schon, denn schon
Kalorienzähler könnten erschrecken: Hier noch ein Stück Butter, dort noch ein Löffel Zucker. Die Küche von Simon Horn setzt auf Geschmack und weil dieser Träger braucht, wird nicht an den falschen Ecken gespart. Mit Halbfettprodukten und anderen Kompromissen ist also nichts gewonnen. Die Moral von der Geschichte: Keine Angst vor sahniger Sahne.

Kein Gericht schmeckt besser als seine Zutaten
Eine Mango wie Pappmaché, eine zur künstlichen Hochform getriebene Tomate, ein Hühnchen, das zu Lebzeiten nie im Mist kratzen durfte – all das muss nicht sein. Ist in diesem Buch von Kräutern die Rede, sind frische gemeint. Zitrusfrüchte sollten unbehandelt und Tiere ebenso wie Gemüse glücklich aufgewachsen sein.

Schnaps ist nicht gleich Schnaps
Keine Sauce braucht den edelsten Cognac, kein Nachtisch den teuersten Champagner. Gleichwohl gilt: Was man nicht trinken mag, sollte man auch nicht zum Kochen verwenden. Auch bei der Zutat „Alkohol“ zahlt sich die Entscheidung für ein hochwertiges Produkt geschmacklich aus. Und nebenbei entsteht eine feine Hausbar.

Sekt und Champagner

9

Das Glasperlenspiel

Perl- oder Schaumwein, Sekt oder Schampus – Hauptsache, es blubbert? Tatsächlich ist nicht alles Gold, was prickelt und mit einem Drahtbügel unter Verschluss gehalten wird. Das zeigt sich schon am Druck, der in der Flasche herrscht. Am schwächsten ist dieser mit maximal 2,5 bar beim Perlwein, in den die Kohlensäure nachträglich eingeschleust wird. Prosecco, der Deutschen Lieblingsbrause aus Norditalien, gibt es in der perlenden „Frizzante-“ und in der schäumenden „Spumante“-Variante. Ein solcher Schaumwein braucht schon 3 bar und bei ihm entsteht der Druck „intern“ durch eine zweite Gärung, die aber oft im Großtank vonstatten geht. Ein Qualitätsschaumwein wiederum ist der Sekt, der mindestens 3,5 bar in die Flasche bringen muss. Doch selbst darüber kann der Champagner mit seinen meist 5 bis 6 bar nur kichern. Das prestigeträchtige Getränk aus festgeschriebenen Gebieten in der Champagne muss hohe Hürden nehmen, um den geschützten Namen tragen zu dürfen. Für den Verschnitt aus den Grundweinen von drei verschiedenen Rebsorten und besten Lagen zum „Cuvée“ bzw. zur „Assemblage“ hat jedes Haus sein eigenes, natürlich geheimes, Rezept. Champagner wird stets in die Flasche abgefüllt, in der er auch verkauft wird. Hier gärt er durch Zugabe von Hefe ein zweites Mal – „à la méthode champenoise“, wie es so schön heißt. Zum Schluss wird viele Tage lang gerüttelt, die Flasche steht Kopf und die Hefe setzt sich ab, sodass sie entnommen und die Flasche neu verkorkt werden kann. All das ist kompliziert und entsprechend teuer ist Champagner. Dass er in puncto Qualität jedoch allein auf weiter Flur steht, ist ein französisch inspiriertes Märchen. Manch spanischer Cava und deutscher Winzersekt etwa werden ähnlich hergestellt und brauchen den Vergleich nicht zu scheuen. Mit einem Schaumwein jedweder Art zu kochen, ist der sichere Tod des Schaums. Wer gar Champagner an einen Schweinebraten gießt, wirft Perlen vor die Säue. Gut hingegen eignen sich Sekt und Champagner, wenn sie Dessert, Saucen, Suppen oder Sorbets aufschäumen und für einen moussierenden Effekt sorgen dürfen. Es prickelt ja sonst nichts.

10

Gratinierte Austern mit Champagner-Kerbel-Hollandaise

Vorspeise für 4 Personen

Wer Austern wegen ihrer Konsistenz nicht mag, kann sich mit diesem Rezept vielleicht herantasten. Denn hier wird das glibberige Austernfleisch mit einer Hollandaise überzogen, die unter dem Grill stockt und dieses ein bisschen bindet. Der Champagner, der mit Kräutern zu einem intensiven Sud eingekocht wird, fungiert in der Sauce als „Flavouring Agent". Ein paar grundsätzliche Tipps zu Austern: Beim Einkauf darauf achten, dass sie noch fest verschlossen sind. Zum Lagern legt man sie auf den „Rücken", sodass kein Saft austritt. Da Austern scharfe Kanten haben können, hält man sie beim Öffnen am besten mit einem Küchenhandtuch fest. Und wenn man die geöffneten Exemplare wie hier in den Backofen legt und sie wegen ihrer unebenen Unterseite partout umkippen wollen, kann man Alufolie zu einem kleinen Nest knüllen, das ihnen einen sicheren Stand verleiht.

4 Austern
1 EL Butter
2 Frühlingszwiebeln, in feine Ringe geschnitten
2 Lorbeerblätter
2 Estragonzweige
200 ml Champagner
4 Eigelb
Butterschmalz
1 Prise Salz
3 Kerbelzweige, abgezogen und geschnitten

In einem kleinen Topf die Butter schmelzen und die Frühlingszwiebeln bei leichter Hitze glasig dünsten. Lorbeerblätter, Estragon und Champagner zugeben, erhitzen und das Ganze auf ein Drittel einkochen. Den Sud durch ein Sieb gießen.

Den abgekühlten Champagner-Sud mit dem Eigelb mischen, im Wasserbad erwärmen und dabei cremig schlagen. Die Masse aus dem Wasserbad nehmen. Das Butterschmalz durch Zufuhr von Wärme verflüssigen und Tropfen für Tropfen und unter ständigem Rühren in den Eischaum hineinlaufen lassen, bis eine Hollandaise mit einer festen Konsistenz entstanden ist. Die Sauce mit einer „Idee" Salz abschmecken (nicht mehr, die Auster ist schon salzig), schließlich den Kerbel zugeben.

Nun die Austern öffnen. Das geht so: Mit einem kleinen Messer oder besser noch mit einem speziellen Austernmesser in das „Scharnier" an der Spitze der Auster stechen, bis es „einrastet". Das Messer hin und her bewegen und die Schale aufstemmen. Das Fleisch mit dem Messer lösen. Aufpassen, dass bei all dem keine Schalensplitter in die Auster gelangen. Einen Teil des Wassers abgießen. Nun die Hollandaise auf die geöffneten Muscheln geben und im Backofen unter dem Grill goldbraun gratinieren.

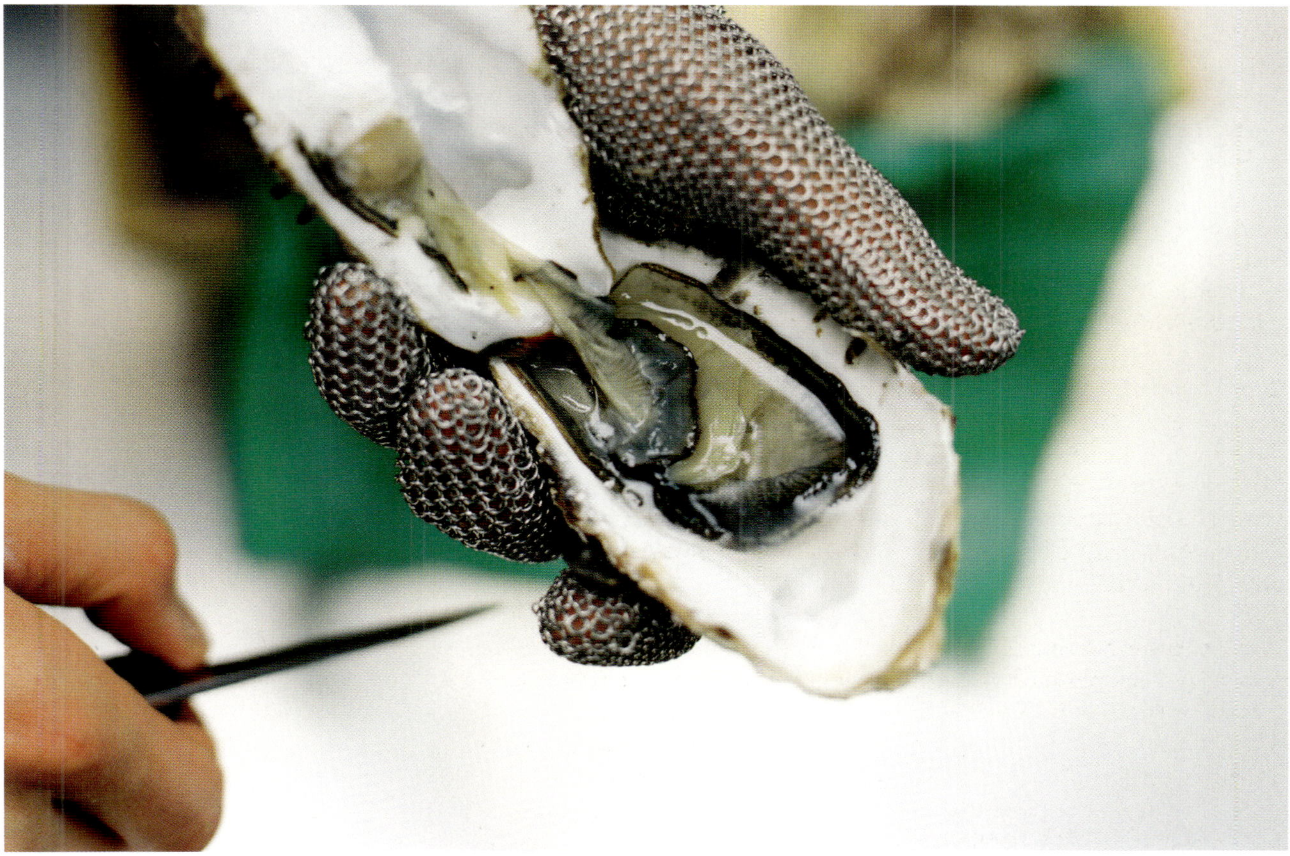

13

Frankfurter Kräuterschaumsüppchen mit Rieslingsekt

In Frankfurt und Umgebung zu leben hat zumindest einen küchentechnischen Vorteil: Dank der Spezialität „Grüne Soße" bekommt man überall im Rhein-Main-Gebiet ein handliches Päckchen mit einer Mischung aus mindestens sieben Gartenkräutern. Für dieses Suppenrezept braucht man genau solch ein Paket. Wer also nicht im Mittelhessischen wohnt, muss sich seinen Kräuterstrauß selbst zusammenstellen. Zur Wahl stehen Petersilie, Schnittlauch, Kerbel, Sauerampfer, Dill, Pimpinelle, Borretsch, Kresse, Estragon, Liebstöckel und Zitronenmelisse. Der Sekt im Kräutersüppchen unterstreicht deren feinen und hellen Geschmack und sorgt für einen schaumigen Charakter.

Das Öl und die Butter bei mittlerer Temperatur in einem großen Topf erhitzen. Den Lauch darin andünsten, Sellerie sowie Kartoffeln zugeben und leicht Farbe nehmen lassen. Rosmarin und Oregano zufügen. Schließlich das Mehl einrieseln lassen und kurz anschwitzen. Dann mit dem Wein ablöschen und den Hühnerfond aufgießen. Die Suppe zum Kochen bringen und um ein Drittel reduzieren, sodass sie sämig ist. Das „Gezweig" entfernen, die Suppe pürieren und durch ein Sieb streichen. Die Sahne zugießen und mit Salz, Pfeffer sowie Zitronensaft abschmecken. Vor dem Servieren noch einmal erhitzen. Die Grüne-Soße-Kräuter und den Sekt erst ganz zum Schluss einrühren. Die moussierende Suppe in Schalen gießen und loslöffeln.

Für 4 Personen

2 EL Sonnenblumenöl
1 EL Butter
1/2 Stange Lauch (der untere, hellere Teil), fein geschnitten
1/2 Knollensellerie und
3 mehlig kochende Kartoffeln, geschält und gewürfelt
2 Rosmarin- und Oreganozweige
2 EL Mehl
Weißwein (z.B. Riesling oder Vinho Verde) zum Ablöschen
1 l Hühnerfond (siehe Seite 83)
50 ml Sahne
Salz und Pfeffer
etwas Zitronensaft
1 Pck. Grüne-Soße-Kräuter (etwa 125 g), entstielt und sehr fein geschnitten
150 ml Rieslingsekt

14

Roastbeef-Rettich-Salat mit Bellini-Dressing

Für 4–6 Personen

Dies ist kein Rezept für den schnellen Salat nach Feierabend. Roastbeef dauert eben seine Zeit. Doch die Mühe lohnt sich. Kräftiger Fleischgeschmack in Kombination mit der Schärfe des Rettichs und dem fruchtigen, leicht moussierenden Dressing – eins kommt hier zum anderen. Am besten kauft man gleich ein ordentliches Stück Rinderrücken, verwendet die gewünschte Menge für den Salat und verspeist den Rest in den nächsten Tagen. Bellini ist ein Drink aus Pfirsichpüree und Sekt oder Champagner. Weil man für das Dressing nur einen Schuss des kostbaren Gutes benötigt, ist auch die Getränkefrage zu dem Salat beantwortet – nicht, dass was umkommt.

Roastbeef
800 g Rinderrücken
Salz und Pfeffer
3 EL Butter
2 EL Zucker
3 Knoblauchzehen, grob geschnitten
2 Rosmarinzweige, abgezogen
Rotwein zum Ablöschen

Salat
2 reife, weißfleischige Pfirsiche (oder 4 EL Pfirsichpüree aus dem Glas)
4 EL Sonnenblumenöl
1 EL Senf
Salz und Pfeffer
Weißer Balsamico- oder Weißweinessig
1 weißer Rettich
3 rote Rettiche
1 Handvoll Cornichons
1 Paket Kresse
1 Schuss Sekt oder Champagner

Den Deckel, also die Fettschicht, und die Sehnen des Rinderrückens einschneiden. Das Fleisch ordentlich salzen und mit viel grobem Pfeffer bestreuen. Zwei Drittel der Butter in einer großen Pfanne bei mittlerer Hitze schmelzen und den Zucker darin karamellisieren. Die Temperatur nicht zu hoch stellen, der Zucker soll nicht verbrennen. Knoblauch und Rosmarin zufügen. Die Temperatur erhöhen und den Rinderrücken mit dem Deckel nach unten kräftig anbraten. Wenden und auch die andere Seite einige Minuten bräunen. Das Fleisch herausnehmen und mit der restlichen Butter in eine ofenfeste Form legen. Den Glasieransatz in der Pfanne mit Rotwein ablöschen und über das Fleisch gießen. Im Backofen bei 80 Grad eine bis zwei Stunden garen: Der Rücken sollte noch saftig und innen sehr rosa sein. Hilfreich ist ein Bratenthermometer – die Temperatur in der Mitte des Fleischs soll 60 Grad nicht überschreiten. Nach dem Garen darf das Fleisch ruhen.

Für das Dressing zunächst die Pfirsiche entkernen, schälen und würfeln. Die Würfel mit dem Öl und dem Senf zusammen pürieren, mit Salz, Pfeffer und einer Spur Essig abschmecken. Nun die Rettiche in möglichst dünne Scheiben hobeln. Das Fleisch mit einem sehr scharfen Messer mit leichter Hand gegen die Fasern in dünne Scheiben schneiden (nicht drücken). Die Fleisch- und Rettichscheiben mit den Cornichons und der Kresse auf Tellern anrichten. Einen Schuss Champagner oder Sekt an das Dressing geben, dieses vorsichtig umrühren (nicht mit einem Metallgegenstand) und über Fleisch und Rettich gießen. Sofort servieren.

19

Rochenflügel im Lauchbett mit Mascarpone-Sekt-Schaum

In Frankreich ist Rochen seit jeher eine hoch geschätzte Delikatesse. Hierzulande ist der platte Meeresbewohner erst seit Kurzem in Mode. Der Vorteil des Rochens: Wie alle Knorpelfische hat er keine lästigen Gräten, sodass man das Fleisch mit dem Messer einfach vom Flügel „kämmen“ kann. Vor dem Garen muss der Rochen gut gewaschen werden. Das Lauchbett aromatisiert den Fisch beim Garen im Ofen und dient später als Beilage. Der Wein sorgt für die Flüssigkeit und verleiht dem Ganzen Aroma. Und der Sekt peppt den Schaum auf. Dazu gibt es aromatisierten Reis.

Den Lauch in ein tiefes Blech geben. Einen Schuss Wein und Salz dazu und das Gemüse im Ofen 15 Minuten vorgaren. Jetzt kommt der Fisch ins Spiel: Die Rochenflügel auf den Lauch betten und die Kräuter darüber streuen. Auf jeden Flügel eine Zitronenscheibe und darauf eine Butterflocke legen. Salzen, pfeffern und den restlichen Wein zugießen. Den Fisch in 15 bis 20 Minuten im 160 Grad warmen Ofen garen.

Den Reis mit der 2 1/4-fachen Menge Wasser in 15 Minuten gar kochen. Zum Aromatisieren neben dem Salz auch Zitronengras ins Wasser geben.

Für den Schaum den Mascarpone mit einem Schuss von dem Rochen-Wein-Sud aromatisieren – vorsichtig dosieren, die Masse soll nicht zu flüssig werden. Mit Zitronensaft, Kreuzkümmel, Salz und Pfeffer abschmecken. Mit dem Pürierstab aufschäumen und zum Schluss vorsichtig einen Schuss Sekt unterrühren. Die Flügel mit dem Lauch, dem Reis und der Sauce anrichten.

Für 4 Personen

Fisch
3 Stangen Lauch, in dünne Ringe geschnitten
400 ml Weißwein, trocken
Salz und Pfeffer
4 Rochenflügel
Thymian und Oregano, abgezogen
4 Zitronenscheiben
80 g Butter

Reis
400 g Basmati- oder Jasminreis
Salz
1 Stengel Zitronengras

Mascarpone-Schaum
3–4 EL Mascarpone
Zitronensaft
1 Msp. Kreuzkümmel
Salz und Pfeffer
1 Schuss Sekt

20

Rosenpudding mit Rosmarin und Mandelkonfekt

Für 4 Personen

Bei Pudding denken viele an die blauen Tütchen eines berühmten „Lebensmittel-Doktors", die man nur mit Flüssigkeit verrührt, bestenfalls aufkocht und anschließend kalt stellt. Ein Löffelchen Kindheit eben. Dieser Pudding hier kann mehr: Sein Aroma kommt von beglückten Eiern, duftenden Rosen, aromatischem Rosmarin und prickelndem Champagner. Mit dem Konfekt aus glacierten Zimtmandeln gibt es eine Deko-Beilage dazu, die an Makronen erinnert. Und viel komplizierter als bei „Dr. Ö." ist die Zubereitung auch nicht.

Die Sahne, das Eigelb und den Puderzucker gut miteinander verrühren. Den fein geschnittenen Rosmarin in die Masse geben, den Champagner zugießen und mit Rosenwasser abschmecken. Nun kleine Förmchen buttern. Ein Drittel des Zwiebacks in der Küchenmaschine zu Bröseln verarbeiten und die Förmchen damit auskleiden. Die restlichen Zwiebacke in kleine Stücke brechen und den Boden der Förmchen damit bedecken. Diese mit der Puddingmasse auffüllen. Die Zwiebackstücke saugen sich voll, treiben aber oben – wird der Pudding später gestürzt, bilden sie den stabilen Boden. Die Puddings bei 150 Grad im Wasserbad in einer bis eineinhalb Stunden stocken lassen.

In dieser Zeit die Mandeln und zwei Drittel des Zuckers in der Pfanne schwenken, sodass er sich auflöst und die Mandeln umschließt. Mit etwas Zimt bestreuen. Die glacierten Mandeln abkühlen lassen und hacken. Nun das Eiweiß mit dem restlichen Zucker und dem Salz zu Schnee schlagen. Die Mandelstücke unterheben. Makronengroße Häufchen der Masse auf Backpapier setzen und diese im Ofen bei 170 Grad goldgelb backen. Wenn man sie herausholt, sind sie noch leicht knatschig, beim Erkalten „härten" sie nach.

In einem Topf etwas Butterschmalz erhitzen und die Rosmarinnadeln darin knusprig frittieren. Die abgekühlten Puddings vorsichtig aus der Form stürzen, anrichten, mit dem Mandelkonfekt dekorieren und mit knusprigem Rosmarin bestreuen.

Pudding

1/2 l Sahne
8 Eigelb
150 ml Champagner
1–2 EL Rosenwasser (nach Geschmack)
4 EL Puderzucker
1 Rosmarinzweig, abgezogen und sehr fein geschnitten
Butter für die Förmchen
100 g Zwieback

Konfekt

100 g Mandeln
3 EL Zucker
1 Prise Zimt
2 Eiweiß
1 Prise Salz

Garnitur

1 EL Butterschmalz
2 Rosmarinzweige, abgezogen

Prof. Dr. Thomas Vilgis, Jg. 1955, ist theoretischer Physiker am Max-Planck-Institut für Polymerforschung in Mainz. Er ist Redakteur der Zeitschrift „Journal Culinaire" und Autor der Bücher „Die Molekül-Küche. Physik und Chemie des feinen Geschmacks" (2005) und „Molekularküche. Das Kochbuch" (2007).

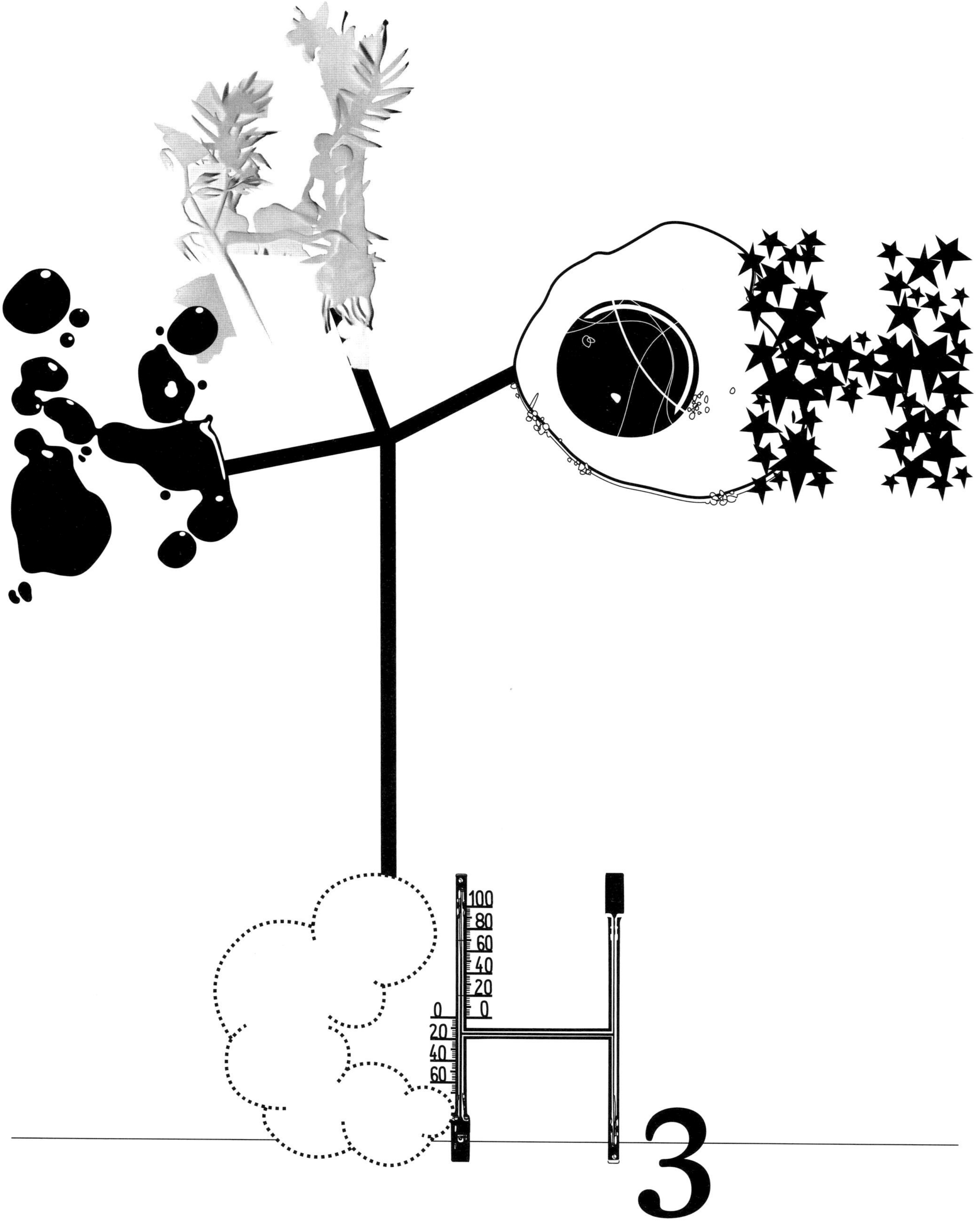

Die molekulare Allzweckwaffe. *Alkohol wirkt. Was er in Pfanne, Topf oder Schüssel aber genau anstellt, ist mit bloßem Auge nicht zu erkennen. Auf molekularer Ebene zeigt sich, welch pfiffiger Guerillero er ist – vielseitig, flink und gut ausgerüstet. Je nach Auftrag geht er auf Proteine los, baut er Brücken, schmuggelt er Aromen, blockiert er Kristalle und löst sich in Luft auf. Ein Gespräch mit* **Thomas Vilgis** *über die chemischen und physikalischen Effekte des Alkohols in der Küche – und ein wenig naturwissenschaftlicher Nachhilfeunterricht.*

Auf die einfachste Formel gebracht: Was ist Alkohol?
Grundsätzlich entsteht jede Art des Alkohols bei der Vergärung von Zucker. Dabei fressen Hefen den Zucker, geben CO_2 frei, also die kleinen Bläschen, die bei Hefegärung entstehen, und übrig bleibt der Alkohol. Der Alkohol, der für uns am verträglichsten ist und den wir zu uns nehmen, ist der Ethylalkohol, auch Ethanol genannt.

Und welche Eigenschaften besitzt er?
Der Alkohol ist ein sehr unkompliziertes und kleines Molekül, das überall hineinschlüpfen kann. Auf der einen Seite besteht es aus Kohlenwasserstoffmolekülen, auf der anderen Seite aus einer Hydroxylgruppe, also einer OH-Gruppe. Aufgrund dieser zwei Seiten scheut Alkohol weder Fett noch Wasser. Weil die OH-Gruppe des Alkohols mit Wasser hervorragend Brücken bilden kann, besitzt er die großartige Eigenschaft, sich in allen Konzentrationen in Wasser zu lösen.

In jedem alkoholischen Getränk ist Ethanol enthalten. Sind Bier, Wein oder Schnaps letztlich also immer Ethanol plus Geschmack?
Im Prinzip ja. Die ätherischen Öle und Aromen sind in das Kohlenwasserstoffmolekül eingebunden. Bei einem Pastis sind das die Aromen des Sternanis, bei einem Campari sind es Bitterstoffe. Die jeweiligen Alkoholika bestehen natürlich noch aus zahllosen anderen Komponenten. Beim Wein ist zum Beispiel die Säure wichtig, beim Likör der Zucker.

„Alkohol, Säure und Geschmack – Wein ist ein perfektes Fertigprodukt.“

Lassen wir einmal den Geschmack außen vor. Warum eignet sich Alkohol aus molekularer Sicht so gut zum Kochen?
Einer der zentralen Effekte des Alkohols besteht darin, dass er Proteine denaturiert. Das kann man gut zu Hause probieren: Schlagen Sie ein Ei in eine Schüssel und verkleppern Sie es. Dann geben Sie einen möglichst hochprozentigen Alkohol dazu und lassen es einen Moment stehen – und schon sieht es aus wie ein Rührei, ein beschwipstes Rührei sozusagen. Das kommt daher, dass der Alkohol die Proteine gerinnen lässt. Man hat den gleichen Effekt, wie wenn man das Ei erhitzt. Durch die Entfaltung und die sich anschließende Verklumpung ändern die Proteinmoleküle ihre Gestalt und das Licht wird anders gestreut. Und schon sieht das Eiklar weiß aus. Wie gekocht.

Das klingt, als würde dasselbe passieren, wie wenn man beim Carpaccio Zitronensaft auf rohes Rinder- oder Lachsfleisch träufelt und es sich hell verfärbt. Macht es für die Proteine keinen Unterschied, ob man Säure oder Alkohol auf sie loslässt?
Tatsächlich sind Alkohol und Säure zwei unterschiedliche Moleküle, die aber das gleiche bewirken. Protein ist ein gefaltetes Molekül. Diese Faltung wird immer durch Wasserstoffbrücken zusammengehalten – dabei klemmt sich also ein Wassermolekül dazwischen und hält zwei Teile des Proteins fest. Kommt nun der Alkohol dazu, entreißt er dem Protein seine Wasserstoffbrücke und stört es. Säure macht genau das gleiche, allerdings in deutlich stärkerer Form. Das kommt daher, dass Säure positiv geladene Wasserstoffkerne enthält. Diese Protonen haben eine unheimlich starke Ladung und können die Wasserstoffbrücken viel schneller aus den Proteinen reißen als der Alkohol.

Zurück zum Alkohol: Warum gibt man zum Beispiel an eine Marinade für einen Braten einen Schuss Alkohol? Stürzt er sich auch hier auf die Proteine?
Ja, er triggert die physikalischen Eigenschaften. Beim Marinieren wirkt er wie ein Vorgarer, indem er dafür sorgt, dass die Proteine des Fleischs an der Oberfläche langsam denaturiert werden. Dadurch verlieren sie ihre geschlossene Struktur und die Aromen der Marinade können in das Fleisch eindringen. Dieser Prozess geht langsam, aber stetig voran, der Alkohol „frisst“ sich immer tiefer ins Fleisch, öffnet die Muskelfasern und transportiert den Geschmack.

Beim Marinieren öffnet der Alkohol dem Geschmack also die Tür?
So ist es. Indem sich immer mehr Proteine entfalten, werden sie auch für den sich anschließenden Kochprozess vorbereitet. Besonders harte Bindegewebsproteine werden weicher. Insofern sorgt der Alkohol auch für zartes und saftiges Fleisch. Ideal ist Wein, denn er enthält neben dem Alkohol auch Säure. Im Zusammenspiel potenzieren die beiden ihre Wirkung. Insofern hat man mit Wein eine starke Truppe beisammen. Hinzu kommt, dass Wein nicht nur die Aromen der Gewürze und Kräuter transportiert, sondern auch seine eigenen. Intuitiv würde ich sagen, dass Wein das beste Produkt ist, das man in der Küche einsetzen kann. Er bringt alles mit, was man so braucht, um ein Gericht möglichst schmackhaft zu machen: Alkohol, Säure und Geschmack – ein perfektes Fertigprodukt.

Wenn Säure ihren Job noch besser macht als Alkohol – wirkt Wein mit viel Säure stärker als ein lieblicher?
Säure ist immer das schlagkräftigste Argument bei einer Marinade. Man kann natürlich auch Bier nehmen, aber dann ist der Effekt geringer. Daher wird das Fleisch bei Rezepten mit Bier oft in dünne Streifen geschnitten, damit das Bier nicht so weite Wege zurücklegen muss. All das gilt natürlich nicht nur für das Marinieren, sondern genauso beim Schmoren.

Viele Saucen werden mit Alkoholika abgeschmeckt. Hierbei geht es aber um den Eigengeschmack des Getränks?
Ja, jedes alkoholische Getränk enthält Aromen. Das tut dem Geschmack des Gerichts gut und kann auch sehr praktisch sein. Sie wollen zum Beispiel in ihrer Fischsuppe noch etwas Anisgeschmack haben, aber keine Anissamen. Dann geben Sie eben einen Schuss Pastis hinzu. Die in ihm enthaltenen Sternanisaromen – das wichtigste Molekül heißt Anethol – verteilen sich, hängen sich an fettige Partner wie Olivenöl und emulgieren schön ein. Der reine Alkohol dient hier lediglich als Emulgationshilfe und als Transportmittel für die Aromen. Hat er seine Schuldigkeit getan, kann er abdampfen.

Am schnellsten verflüchtigt er sich wahrscheinlich beim Ablöschen, wenn man also einen Schuss Alkohol in die heiße Pfanne gibt?
So ist es. Der Geschmack kommt dazu, der Alkohol geht. Beim Ablöschen kommt aber noch ein zweiter Effekt dazu. Alkohol löst nämlich sehr gut den Ansatz am Pfannenboden. Bratensatz besteht aus Protein-Fett-Komplexen, aus Ölresten und aus beim Braten entstandenen Zuckermolekülen, den sogenannten Maillard-Produkten. Die Zwitterfähigkeit des Alkoholmoleküls, sowohl Fett als auch Wasser anzusprechen, kommt hier sehr gut zum Einsatz. Der Alkohol löst also den Bratensatz und führt die darin enthaltenen Aromen in das Gericht zurück.

Spirituosen entzünden sich dabei leicht. Wieso verbrennen die übrigen Zutaten eigentlich nicht?
Was sich entzündet, sind die Alkoholdämpfe – und die sind über den Zutaten. Insofern brennt es nicht in der Pfanne, sondern nur darüber. Bei den üblichen Pfannentemperaturen geschieht das allerdings meist nicht von selbst, sondern nur, wenn man den Dämpfen mit einer offenen Flamme begegnet.

Wie sieht es mit dem Flambieren aus: Ist das aus molekularer Sicht mehr als ein schöner Effekt?
Durch das Flambieren bringt man zwar etwas Geschmack auf, viel mehr aber auch nicht. Flambiert man zum Beispiel Chorizo-Würstchen mit Sherry, verdampft der reine Alkohol, während die Fass-, die Trauben- und die Oxidationsaromen erhalten bleiben. Nimmt man einen sehr süßen Sherry, kommen durch den Zucker auch noch ein paar Karamellaromen hinzu. Aber so wirklich toll ist das alles nicht. Das ist schon eher Budenzauber. In jedem Fall muss man den Sherry zuvor erwärmen, damit der Alkohol an die Oberfläche steigt und die Sache überhaupt Feuer fangen kann.

„Hat er seine Schuldigkeit getan, kann er abdampfen.“

Wie sieht es mit einem klassischen Käsefondue aus? Was bewirken die Zutaten Wein und Kirschwasser, außer vielleicht eine bessere Verdauung?
Beim Fondue macht Alkohol wirklich Sinn. Die Herausforderung besteht ja darin, den Käse die ganze Zeit über geschmolzen zu halten, schließlich soll er die Brotstücke schön umziehen und elastische Fäden bilden. Vor allem soll der Käse nicht klumpen. Das aber passiert, sobald es den Proteinen zu heiß wird. Zwar denaturieren die Kaseine, die wichtigsten Eiweiße der Milch, erst bei 120 oder 130 Grad. Beim Fondue erreicht man diese Temperatur aber locker. In dem Kächeli über der Flamme werden Temperaturen von mehr als 200 Grad erreicht – dann klumpen die Kaseine und der Genuss ist dahin, weil sich der Geschmack verändert, der Käse komische Eigenschaften bekommt und das Mouth-Feeling nicht mehr stimmt. Deshalb der Alkohol. Der Wein bringt zum einen wieder Säure rein, die für ein bisschen Abstand zwischen den Molekülen sorgt. Vor allem aber wirkt das Ethanol des Weins und mehr noch des höherprozentigen Kirschwassers. Ethanol hat nämlich eine Verdampfungstemperatur von etwa 78 Grad. Solange in dem Fondue Alkohol verdampft, steigt die Temperatur nicht allzu hoch, weil die gesamte Energie für das Verdampfen des Alkohols aufgewendet wird. Schon können die Proteine nicht verklumpen, das Fondue bleibt flüssig und cremig.

Der Alkohol kühlt also. Wenn ich eine Fonduemaschine hätte, die den Käse konstant auf 78 Grad hält, könnte ich auf den Alkohol verzichten?
Ja, aber wer hat das schon? Außerdem passt der Geschmack des Weins sehr gut zu dem Käse. Es sind zwar nicht wahnsinnig viele Aromen, aber man glaubt gar nicht, wie viel diese wenigen Aromen auf der Zunge bewirken können. Für Antialkoholiker wäre eine Fonduemaschine allerdings eine tolle Sache.

Kommen wir von der Hitze zur Kälte. Warum wird ein Parfait cremiger, wenn man Alkohol dazugibt?
Der Alkohol setzt den Gefrierpunkt herab. Wenn Sie Wasser mit Alkohol mischen, gefriert es nicht bei null Grad, sondern bei tieferen Temperaturen – der Gefrierprozess dauert länger und läuft langsamer ab. Vor allem aber verhindert der Alkohol, dass sich Wassermoleküle zusammenlagern und Kristalle bilden. Große Kristalle schmecken nicht gut, es knirscht und man hat geschmolzenes Wasser ohne Geschmack auf der Zunge. Deswegen muss man große Kristalle verhindern. Alkohol fungiert hierbei als molekularer Störer.

Wie stört er denn?
Hier kommt seine wasserbindende Eigenschaft zur Geltung. Stellen Sie sich vor, dass um das Alkoholmolekül viele Wassermoleküle lagern. Die sagen zu der OH-Gruppe des Alkohols: „Hey, komm her, komm in unseren Kristall." Da antwortet die Kohlenstoffseite: „Nein, ich gebe mein OH nicht her." Sie bleibt zwischen den Wassermolekülen sitzen und hält die OH-Gruppe fest, sodass diese nicht an der Kristallbildung teilnehmen kann. Insofern unterstützt der Alkohol auch beim Parfait die Cremigkeit. Verwendet man dabei einen schönen Likör, kommt noch die Geschmackskomponente hinzu. Den gleichen Störeffekt hat übrigens Sahne. Auch ihre Milchproteine und Fette sorgen für kleinere Kristalle. Deswegen ist Sahneeis immer cremiger als Wassereis.

Es gibt das Schlagwort: „Alkohol, den man nicht trinken kann, sollte man auch nicht zum Kochen verwenden." Stimmt das auch aus molekularer Sicht?
Auf jeden Fall, man sollte immer auf Qualität achten.

Woran bemisst sich die Qualität – an mehr und besseren Aromen?
Auch, vor allem aber daran, ob außer dem Ethanol noch andere Alkoholgruppen enthalten sind. Es gibt viele sogenannte mittlere oder höhere Alkohole wie Propanol oder Hexanol, die mehr Kohlenstoffatome haben. Das sind die schlecht vergorenen, sogenannten Fuselöle, die für Kopfschmerzen oder auch für den Kater am Tag danach verantwortlich sind. Je mehr davon in einem Getränk enthalten sind, umso schlechter ist die Qualität. Daneben gibt es den Methylalkohol, auch Methanol genannt, der nur ein Kohlenstoffatom besitzt. Er ist ein Nervengift, das hochgradige Schäden wie Erblindung verursachen kann. Ein anderer Alkohol ist übrigens noch sehr erwünscht: das Glycerin. Es entsteht bei der Weinvergärung aus der Traube heraus. Durch seine drei OH-Gruppen sorgt es für den angenehm runden, breiten Geschmack des Weins. Deswegen haben manche Winzer auch mit Glycerin gepantscht.

In der Chemie ist vieles möglich. Kann man die Zutat Alkohol beim Kochen durch eine andere Substanz ersetzen?
Theoretisch geht alles. Aber auf molekularer Ebene erzielt Alkohol unglaublich viele Effekte, sodass man ihn kaum ersetzen kann. Zumindest nicht, ohne Geschmackseinbußen in Kauf zu nehmen.

Anisées

Von Ouzo bis Pernod: Ein Kraut für alle Fälle

Achtung, nun wird es etwas unübersichtlich. Anisée ist nämlich nur ein Oberbegriff für ganz unterschiedliche Alkoholika, wie ungezuckerte Spirituosen und pappsüße Liköre, die lediglich eins gemeinsam haben: Sie sind mit Anis aromatisiert. Zu den Anisées ohne Zucker gehören der Ouzo aus Griechenland, der Raki aus der Türkei und vom Balkan sowie der Arrak aus dem Libanon und aus Syrien; allesamt klares, hartes Zeug, das sich mit Wasser verdünnt weißlich färbt. Nicht weniger stark, dafür aber süß, sind Anisliköre, auch Anisettes genannt. Sie werden meist auf Basis hochprozentiger Brände hergestellt und enthalten eine ordentliche Ladung Zucker. Klassiker wie der italienische Sambuca und der französische Marie Brizard sind wasserklar und werden als Digestif getrunken. Die sogenannten Pastis aus der Provence gehören zwar auch zur Gruppe der Anisettes, sind aber weniger süß und meist bernsteinfarben. Getrunken werden sie wiederum wie Ouzo & Co., nämlich mit Wasser, und auch nicht erst nach dem Essen – es sind klassische Aperitifs. Ihre Entstehung verdanken sie dem Verbot des Absinths zu Beginn des 20. Jahrhunderts. Denn die provenzalischen Winzer, die bislang die berüchtigte Grüne Fee hergestellt hatten, suchten nach Ersatz. Einer der ersten, die fündig wurden, war Paul Ricard. Wie bei Pastis üblich, werden bei seinem Ricard, aber auch bei dem feinen Henri Bardouin Anis- und Lakritzextrakt, Fenchelsamen, weitere Kräuter, Zucker, Wasser und Alkohol kalt angesetzt. Pernod ist auch ein Pastis, obwohl er etwas anders produziert wird und damit streng genommen eher ein destillierter Anisée ist. Er wird aus Sternanis gewonnen, auf 45 Volumenprozent destilliert, anschließend mit Alkohol, Wasser sowie Zucker gemischt und mit Kräuterdestillaten – auch hier ist Lakritz im Spiel – aromatisiert. Damit soll es nun aber gut sein. Jenseits aller Spitzfindigkeiten eignen sich nämlich alle genannten Getränke dank ihres hellen Aromas hervorragend zum Verfeinern von Desserts, Fonds, Saucen und Suppen. So hebt ein Schuss Pastis eine Bouillabaisse endgültig in den provenzalischen Himmel. Amen.

Miesmuscheln mit Ouzo-Rahm im Strudelteignest

Vorspeise für 4–6 Personen

Miesmuscheln sind die Austern des kleinen Mannes. Das „Mies" kommt übrigens nicht daher, dass man sich mit schlechten Muscheln eine miese Vergiftung einhandeln kann, sondern verweist auf den Ort, an dem sie leben: an moosbewachsenen Steinen. Moos – Mies, ganz klar. Eine Grundregel zur saisonalen Küche: Am besten isst man Muscheln in den Herbst- und Wintermonaten, die mit einem „r" enden. Da sie sich im Meer als Filter betätigen, sollte man bei ihnen besonders auf die Qualität und Frische achten. Denn mit dem Wasser nehmen sie auch andere Stoffe auf. Bei dieser Vorspeise dürfen die Muscheln die Aromen eines reichhaltigen Suds aufsaugen, bevor sie in Teignester gebettet werden. Diese werden aus Filoteig gebacken, also hauchdünnem Strudelteig aus dem griechischen oder türkischen Lebensmittelgeschäft. Da man diesen nur als Packung kaufen kann, aber nicht die gesamte Menge benötigt, kann man aus dem Rest in den nächsten Tagen ein Börek machen. Oder eben noch einmal Miesmuscheln im Nest.

Wein, Ouzo, Lauch, Sellerie, Lorbeer und Oregano in einen großen Topf geben und erhitzen. Die Miesmuscheln inzwischen gründlich waschen, bürsten und die „Bärte" entfernen und in den kochenden Ansatz geben. Bei schwacher Hitze und geschlossenem Topf die Muscheln etwa zehn Minuten garen, dabei den Topf zweimal kräftig durchschütteln, sodass der Sud auch jede Muschel erreicht. Die Muscheln herausnehmen – den Sud aufheben –, kurz abkühlen lassen und schließlich aus ihrem Gehäuse befreien. Exemplare, die sich noch immer nicht geöffnet haben, werden aus Sicherheitsgründen aussortiert.

Für die Sauce die Schalotten, den Knoblauch und Thymian in Pflanzenöl anschwitzen. Mit dem Mehl bestäuben und mit Ouzo ablöschen. Den Muschelsud durch ein Sieb zugießen, die Sahne unterrühren und die Sauce um ein Drittel einkochen, bis sie sämig ist. Abschmecken.

Die Nester entstehen so: Kleine feuerfeste Förmchen mit etwas Butter einfetten und mit drei Lagen Filoteig auskleiden. Diesen im Ofen bei 160 Grad knusprig braun backen, anschließend erkalten lassen. Die Filonester aus den Förmchen nehmen, die ausgelösten Miesmuscheln in der warmen Rahmsauce schwenken und in den Nestern anrichten.

1,5 kg frische Miesmuscheln

Ansatz
700 ml trockener Weißwein
1 Schuss Ouzo
2 Stangen Lauch und
3 Stangen Staudensellerie, grob geschnitten
3 Lorbeerblätter
2 Oreganozweige

Sauce
2 kleine Schalotten und
2 Knoblauchzehen, sehr fein gewürfelt
2 Thymianzweige, abgezogen
2 EL Pflanzenöl
1 TL Mehl
Ouzo zum Ablöschen
1/4 l Sahne
1 Prise Salz

Teignester
Filoteig
Butter für die Förmchen

Fenchelgemüse mit Pernod

Vorspeise für 4 Personen

4 Fenchel
1 Stengel Zitronengras, in Stücke geschnitten
1 EL Salz
1 EL Zucker
1–2 EL Butter
Oregano und Thymian
Pfeffer
Pernod zum Ablöschen

Manche Paare passen einfach gut zusammen. Fenchel und Anis zum Beispiel. Daher wird der Fenchel bei diesem Gericht mit Pernod aromatisiert. Vorbereitend kitzelt das Blanchieren in dem aufgepeppten Wasser einen sehr feinen, fast an Spargel erinnernden Geschmack aus den Knollen heraus. Wer Lust auf eine herzhaftere Fenchelvariante hat, kann auch einmal folgendes Rezept probieren, bei dem eine Art Mini-Fondue ins Spiel kommt: Den Fenchel wie gehabt blanchieren, dann aber auf Backpapier legen und mit grobem Pfeffer sowie Oregano bestreuen. Nun 300 Gramm geriebenen Bergkäse samt einem kräftigen Schluck Kirschwasser in einem kleinen Topf bei niedriger Temperatur langsam schmelzen. Die Fenchelhälften mit dem flüssigen Käse übergießen und im Backofen unter dem Grill goldbraun backen.

Einen Topf Wasser mit Zitronengras, Salz und Zucker ansetzen. Die Fenchel der Länge nach teilen, den Strunk entfernen und die Knollenhälften in das sprudelnde Wasser geben. Nach etwa zehn Minuten dürfen sie wieder herauskommen, werden dann aber sofort abgeschreckt. In einer Pfanne Butterschmalz erhitzen und die Fenchelhälften darin Farbe nehmen lassen. Oregano und Thymian sowie groben Pfeffer zugeben und das Ganze mit einem kräftigen Schuss Pernod ablöschen. Als Vorspeise, zwischendurch als Snack oder als Beilage zu Fisch verzehren.

Heilbutt-Ravioli mit gebratenen Artischockenherzen

Pastamehl, das man im gut sortierten italienischen Lebensmittelgeschäft findet, wird aus Hartweizen gemacht. Dieser hat aufgrund seiner Eiweißstoffe einen höheren Kleberanteil, was den Teig gleichzeitig elastisch und reißfest, kochstabil und bissfest macht. Natürlich kann man auch normales Weizenmehl nehmen, zumal der Teig hier mit Eiern hergestellt wird. In jedem Fall sollte man so viel Mehl verwenden, dass der Teig nicht mehr an den Händen klebt. Der Pernod hebt sowohl das Aroma der Füllung als auch das der Artischocken. Insgesamt ein Gericht, das nach Urlaub schmeckt.

Für den Teig zunächst die Safranfäden in einem Schluck heißem Wasser ziehen lassen. Das Mehl auf der Arbeitsfläche aufhäufen und in die Mitte eine Mulde drücken. Die Eier hineingeben und mit einer Gabel verquirlen, nach und nach mehr Mehl einarbeiten. Safranwasser, Öl und Salz zugeben. Schließlich mit den Händen weiterkneten, bis ein geschmeidiger, aber nicht mehr klebender Teig entstanden ist. Diesen in Frischhaltefolie 30 Minuten im Kühlschrank ruhen lassen – er darf sich einen Moment entspannen.

In der Zwischenzeit die Füllung zubereiten. Hierzu zunächst den Heilbutt in kleine Stücke schneiden und mit der Crème fraîche sowie jungem Thymian vermischen. Mit Pernod, Zitronensaft, Salz und Pfeffer abschmecken. Den Teig mit dem Nudelholz auf Backpapier sehr dünn ausrollen und mit einem Teigrädchen in etwa zwölf Zentimeter breite Streifen schneiden. Je einen gehäuften Teelöffel der Füllung in regelmäßigen Abständen auf den Teig geben, den Teig um die Füllung herum mit etwas Eigelb bepinseln. Nun die Längsseite den Streifen über die Füllungen klappen und den Teig um die Füllungen herum gut andrücken. Mit dem Teigrädchen die Ravioli schneiden. Nun zu der Beilage. Die Artischockenherzen mit dem Öl in einer Pfanne vorsichtig anbraten, sodass sie Farbe nehmen. Den Knoblauch dazugeben, dann den Oregano und die Butter. Salzen und pfeffern. Das Ganze mit Pernod ablöschen. Die Artischocken herausnehmen. Den Ansatz am Pfannenboden mit einem weiteren Schuss Pernod ablösen und in eine Schüssel geben. Öl und Zitronensaft dazu, mit Salz, Pfeffer und Zucker abschmecken und zu einem Dressing aufschlagen.

Die Ravioli in einen großen Topf mit sprudelndem Salzwasser geben und einige Minuten ziehen lassen. Treiben sie an die Oberfläche, sind sie gut. Wer mag, kann sie danach noch mal kurz in Butter schwenken. Zusammen mit den Artischockenhälften und dem Dressing anrichten.

Für 4 Personen

Teig
1/2 TL Safranfäden
500 g Pastamehl
(oder normales Weizenmehl)
4–5 Eier
2 EL Pflanzenöl
1 TL Salz
1 Eigelb

Füllung
200 g geräucherter Heilbutt
4 EL Crème fraîche
etwas Zitronenthymian
Pernod
Zitronensaft
Salz und Pfeffer

Beilage
400 g Artischockenherzen,
abgetropft und halbiert
3 EL Pflanzenöl
1 Knoblauchzehe, fein geschnitten
Oregano
1 TL Butter
Salz und Pfeffer
Pernod zum Ablöschen

Dressing
4 EL Pflanzenöl
1 Spritzer Zitronensaft
Salz, Pfeffer und Zucker

Anisées

Atlantikhummer mit Pernod-Schaum und Aquavit-Mayonnaise

Einst war der Hummer ein Armeleuteessen der Küstenbewohner der großen Ozeane. Heute ist das größte der Schalentiere aus der feinen Küche nicht mehr wegzudenken. Zu Hause wird Hummer allerdings nur selten gegessen. Das mag daran liegen, dass man das Meerestier selbst töten muss, indem man es lebendig in kochendes Wasser wirft – was nicht jedermanns Sache ist. Doch die größte Hürde steht noch bevor, denn nach dem Kochen muss man sich als fingerfertiger Panzerknacker beweisen. Wer eine detaillierte Anleitung mit Bildern wünscht, findet diese im Internet. Ein Tipp für die Saucen: Statt roher kann man auch gekochte Eigelb nehmen – so bleiben Pernod-Schaum und Aquavit-Mayonnaise länger genießbar.

Für den Hummer einen großen Topf mit Wasser aufsetzen. Zwiebeln, Lorbeerblätter, Sellerie, Möhren und Salz hineingeben und aufkochen. Bevor der Hummer ins Wasser gelassen wird, sollte das Wasser schon eine Weile sprudeln. Den Hummer möglichst schnell und mit dem Kopf zuerst in das kochende Wasser geben, noch einmal aufkochen, dann die Hitze reduzieren und den Hummer je nach Größe 10 bis 20 Minuten ziehen lassen. Bei einem Hummer mit einem Gewicht von 500 Gramm rechnet man mit 10 Minuten, schwerere Tiere brauchen entsprechend länger. Beim Kochen verfärbt sich der Panzer des Tieres außen rot.

Den gekochten Hummer ausgestreckt auf ein Brett legen. Mit einem großen Messer in der Kopfmitte ansetzen, durchstechen und das Messer bis zum Ende des Hummerkörpers durchziehen. Jetzt noch den Kopf durchtrennen und den Hummer in zwei Hälften klappen – so kommt man leicht an das Fleisch im Schwanzteil. Jetzt die Spitzen der Hummerscheren abschneiden, damit das Scherenfleisch danach gut entnommen werden kann. Die Hummerscheren am besten mit einem Küchentuch abdecken und mit dem Messerrücken aufklopfen. Die geknackten Hummerscheren werden jetzt aufgebrochen und das Fleisch kann aus den Scheren ausgelöst werden.

Für den Pernod-Schaum den Fond mit Eigelb und Sahne mit dem Pürierstab schaumig aufschlagen und dabei langsam erhitzen, bis das Eigelb die Masse bindet und der Schaum cremig wird. Zum Schluss noch mit Pernod, einem Spritzer Limettensaft und, nicht zu vergessen, mit Salz abschmecken.

Für die Aquavit-Mayonnaise das Eigelb in einem schmalen Gefäß mit etwas Salz vermischen und mit dem Pürierstab aufschlagen, dabei das Öl langsam in einem dünnen Strahl zugießen, bis die Mayonnaise fest wird. Die Zutaten sollten Zimmertemperatur haben. Abschmecken und mit Aquavit abrunden. Das Hummerfleisch anrichten und mit den beiden Saucen servieren.

Für 4 Personen

Hummer
2 Atlantikhummer à 800 g
2 Zwiebeln,
1 Stück Sellerie und
2 Möhren, alles grob geschnitten
3 Lorbeerblätter
1 EL Salz

Pernod-Schaum
300 ml Fischfond
3 Eigelb
50 ml Sahne
Limettensaft
Pernod
Salz

Aquavit-Mayonnaise
3 Eigelb
300 ml Pflanzenöl
Salz
Limettensaft
Aquavit

38

Crème brûlée mit Lavendelzuckerkruste

Für 4–6 Personen

Es lohnt sich, sich mit dem Löffel durch die widerstandsfähige Karamellkruste zum Herzstück dieses französischen Desserts vorzuarbeiten – Rosmarin und Espressobohnen geben der klassischen Crème eine ungewohnte Wendung. Auch die Kruste ist mehr als karamellisierter Zucker: Sie ist praktizierte Provence. Denn der Zucker darf eine Woche lang die Aromen von Lavendel aufnehmen, später wird er noch mit Anis verfeinert, bevor er zu Karamell schmelzen und die Crème überziehen darf.

Zuerst muss der Lavendelzucker hergestellt werden. Hierzu den Lavendel in den Zucker mischen – pro Crème brûlée braucht man einen guten Esslöffel –, in einem luftdichten Gefäß verschließen und mindestens eine Woche stehen lassen.

Zeitsprung, eine Woche später: Für die Crème die Sahne mit dem Vanillemark, dem Rosmarinzweig und den Espressobohnen aufkochen, vom Herd nehmen und zwei Stunden ziehen lassen. Die erkaltete Masse absieben, den Zucker und das Eigelb einrühren. Die Crème in kleine feuerfeste Förmchen gießen und im Wasserbad bei 150 Grad im Ofen stocken lassen. Das dauert etwa eine Stunde. Wer mag, gönnt der abgekühlten Masse noch eine letzte Nacht im Kühlschrank, wo sie noch einmal ziehen kann. Das muss allerdings nicht sein. In jedem Fall aber sollten die Crèmes ausgekühlt sein, bevor es weitergeht.

Die Kruste kommt zum Schluss. Die Crèmes mit einer dünnen Schicht des aromatisierten Zuckers bedecken und mit einigen Tropfen eines Anislikörs benetzen. Nun wird der Zucker karamellisiert. Besitzer eines Bunsenbrenners machen das so: Die Flamme zunächst auf Abstand halten, sodass der Zucker schmilzt, aber nicht verbrennt. Wenn er flüssig ist, mit der Flamme näher heranrücken und die Kruste knackig braun werden lassen. Alle anderen können die Förmchen mit der Zuckerschicht auch unter den Grill in den Ofen stellen. Das ist zwar weniger Kult, funktioniert aber auch. Darauf achten, dass sich die Zuckerkristalle ganz auflösen.

Zucker
4–6 EL Zucker
2 frische Lavendelzweige

Crème
1/2 l Sahne
Mark von 1 Vanilleschote
1 Rosmarinzweig
10 Espressobohnen
3–4 EL Zucker
5 Eigelb
Anislikör (z.B. Sambuca oder Marie Brizard)

Anisées

Prof. Dr. med. Dr. h.c. mult. Manfred V. Singer, Jg. 1945, ist Direktor der II. Medizinischen Klinik am Universitätsklinikum Mannheim der Universität Heidelberg. 2004 hat er die Stiftung Biomedizinische Alkoholforschung (www.stiftung-alkoholforschung.de) gegründet. Dr. med. Stephan L. Haas, Jg. 1968, ist wissenschaftlicher Mitarbeiter von Prof. Singer. Beide erforschen seit vielen Jahren die gesundheitliche Wirkung von Alkohol.

Es bleibt mehr, als man denkt. *Darf der Schuss Cognac an den Kuchen, obwohl auch Kinder zugreifen? Kann man strengen Abstinenzlern ein Coq au Vin vorsetzen, das zwei Stunden im Ofen stand? Kurz: Vertreibt das Kochen, Backen und Flambieren den Alkohol aus dem Gericht?* **Manfred Singer** *und* **Stephan Haas** *geben Antworten. Und sie zeigen auf, warum Wein nicht gleich Whisky und Bier nicht gleich fünf Prozent Alkohol sind.*

Ein Schnaps hilft bei der Verdauung, ein Aperitif macht Appetit, ein Glas Wein pro Tag schützt das Herz – beim Alkohol schlägt man sich mit vielen Weisheiten durchs Leben. Was daran ist wahr?
Singer: Wir haben untersucht, ob Schnaps die Verdauung unterstützt. Das ist nicht der Fall. Ebenso wenig ließ sich nachweisen, dass ein Aperitif die Magenentleerung beschleunigt. Wir glauben inzwischen, dass die appetitfördernde Wirkung ein angelernter Reflex ist – es gibt ja Leute, die werden schon besoffen, wenn sie nur an Alkohol denken. Ein moderater Alkoholkonsum mindert unter gewissen Umständen tatsächlich das Herzinfarktrisiko, er kann aber zum Beispiel die Leber schädigen. Die einzelnen Organe reagieren unterschiedlich empfindlich auf Alkohol und bei jedem Menschen ist es anders: Was dem einen hilft, kann dem anderen schaden. Beim Thema Alkohol gibt es vieles, was man so glaubt und annimmt. Einiges davon ist Unfug, nur weniges ist wissenschaftlich nachgewiesen und oft ist der angenommene Grund nicht die tatsächliche Ursache.

Warum weiß man so wenig? Alkohol gibt es ja nicht erst seit gestern.
Singer: Als ich vor 25 Jahren anfing, die Wirkung von alkoholischen Getränken zu untersuchen, war das Neuland und in der Wissenschaft galt es überhaupt nicht als fein. Man beschäftigte sich lieber mit reinen Substanzen. Also hat man untersucht, wie Rattenmägen auf verschiedene Konzentrationen von Ethanol, nicht aber, wie sie auf Bier oder Schnaps reagieren. Das ist im ersten Schritt auch richtig, weil man zunächst die Wirkung von reinem Alkohol kennen muss. Der zweite Schritt blieb aber lange aus. Leider, denn die Menschen trinken nun mal keinen reinen Alkohol, sondern Wein, Whisky oder Bier.

Kommen wir zum Kochen: In Internetforen wird eifrig darüber diskutiert, inwiefern der Alkohol beim Kochen vollständig verschwindet. Können Sie das Rätsel lösen?
Haas: Bei unserer Recherche haben wir festgestellt, dass zu dieser Frage tatsächlich nur sehr wenig systematisch geforscht wurde. Uns ist lediglich eine seriöse wissenschaftliche Studie bekannt. Das ist die sogenannte Idaho-Studie, die 1992 an der University of Idaho im Städtchen Moscow durchgeführt wurde. Dabei hat sich gezeigt, dass deutlich weniger Alkohol verfliegt, als man denkt.

„Nach einer Kochzeit von einer Stunde sind noch 25 Prozent des Alkohols in einem Gericht enthalten.“

Können Sie konkrete Zahlen nennen?
Haas: In der Studie wurden verschiedene Zubereitungsarten analysiert. Wenn man zum Beispiel Alkohol in eine kochende Flüssigkeit gibt und diese sofort vom Herd nimmt – wenn man also eine Sauce kurz vor dem Servieren mit Wein oder Cognac abschmeckt – verflüchtigt sich nur ein geringer Teil des Alkohols. 85 Prozent sind noch vorhanden.

Hierbei hat er ja auch nur wenig Zeit zu verdampfen. Viele Schmorgerichte kochen aber sehr lange. Ist der Alkohol dann draußen?
Singer: Natürlich verfliegt umso mehr Alkohol, je länger der Kochvorgang dauert. Aber die Studie belegt, dass in einem Gericht auch nach einer Back- oder Kochzeit von 15 Minuten noch 40 Prozent des ursprünglich zugesetzten Alkohols enthalten sind. Nach einer Stunde sind es noch 25 Prozent und selbst nach zwei Stunden noch zehn Prozent. Zu Beginn verflüchtigen sich Teile des Alkohols also rasch, dann geht es langsamer. Und selbst bei Schmorgerichten verschwindet er nicht vollständig.

Wie kann das sein? Es ist doch ein schlagendes physikalisches Argument, dass der Siedepunkt von Ethanol schon bei 78,3 Grad Celsius liegt, es also wesentlich früher verdampft als Wasser.
Haas: Ja, aber so leicht ist das nicht. Die Verdampfung hängt von vielen Faktoren ab. Neben der Kochdauer ist auch die Temperatur entscheidend. Es macht also einen Unterschied, ob eine alkoholhaltige Sauce nur leicht köchelt oder ob sie bei 200 Grad in der Röhre steht. Der Verdampfungsgrad hängt sogar von der Art des Topfes ab und davon, wie der Alkohol gebunden ist: In einer fetten Bratensauce ist es anders als in einer einfachen Alkohol-Wasser-Mischung.

Aber 78,3 Grad sind doch immer 78,3 Grad.
Haas: Das schon, aber man kocht ja nicht einen Topf reinen Alkohol. Mischt man zum Beispiel Wasser und Alkohol, verschiebt sich je nach Relation auch der Siedepunkt. Bei einem Liter Wasser mit einem Schuss Alkohol dürfte der Siedepunkt also nahe an 100 Grad Celsius liegen. Das heißt auch: Je mehr Alkohol in einem Gericht enthalten ist, umso schneller verdampfen Teile von ihm beim Kochen. Und es erklärt, warum die Verdampfungsgeschwindigkeit bei längerer Kochzeit abnimmt: Je mehr Alkohol sich bereits verflüchtigt hat, umso höher steigt der Siedepunkt des Gemischs.

Wie verschwindet Alkohol eigentlich: Baut er sich ab oder muss er tatsächlich entweichen können? Hält ein Deckel auf dem Topf den Alkohol also fest?
Haas: Durch die Zufuhr von Hitze findet kein Abbauprozess statt, der Alkohol verändert lediglich seinen Aggregatzustand von flüssig in dampfförmig. Liegt ein Deckel auf dem Topf, kondensiert der Dampf am Deckel. Und in diesem Kondensat kann sich der flüchtige Alkohol wieder lösen und zurück in das Gericht tropfen. Insofern reduziert sich der Alkoholgehalt tatsächlich nur bei offenem Topf.

Wie ist es beim Flambieren – da müsste doch alles verschwinden?
Singer: Nein. In der Studie wurde ein Pudding mit Weinbrand übergossen und flambiert. Dabei blieben 75 Prozent des Alkohols zurück. Das liegt daran, dass der Alkohol ja nicht einfach in einer Schale schwimmt, sondern über den Pudding gegossen wird. Da er sich sehr gut an Fett bindet und wasserlöslich ist, sickert er ein und seine Moleküle binden sich an die des Puddings.

Ein Parfait mit einem Schuss Alkohol wird überhaupt nicht erhitzt, sondern nur gekühlt. Macht es eigentlich für die Wirkung von Alkohol einen Unterschied, ob man ihn kalt oder warm konsumiert?
Haas: Ich würde sagen, nein. Es gibt allerdings die Theorie, dass die Durchblutung der Magenschleimhaut durch die Wärme angeregt wird und dadurch der Alkohol schneller aufgenommen wird.

Glühwein „knallt“ demnach stärker als ein kühler Weißwein?
Haas: So die Theorie. Es ist jedoch noch nicht untersucht worden, ob die Aufnahme von kaltem Alkohol langsamer vor sich geht. Doch ob warm oder kalt – Alkohol verteilt sich binnen weniger Minuten im gesamten Körper. Bis er im Dünndarm ankommt, sind bereits drei Viertel aufgenommen und über das Blut überallhin verteilt worden.

Singer: Man muss auch beachten, dass man ja nicht mit Ethanol kocht, sondern mit Wein, Gin oder Champagner. Solche Alkoholika setzen sich aus Hunderten von chemischen Substanzen zusammen, von Aldehyden über Ketonkörper bis zu Fuselölen. Bier enthält zum Beispiel mehr als 1000 Substanzen, die nicht mal Bierbrauern alle bekannt sind. Unsere Studien haben gezeigt, dass alkoholische Getränke aufgrund dieser Substanzen ganz unterschiedlich wirken.

Zum Beispiel?
Singer: Wir haben bei Medizinstudenten untersucht, wie verschiedene Alkoholika die Bildung von Magensäure anregen. Bei fünf, zehn oder 20 Volumen reinen Alkohols passierte nichts. Auch bei Cognac oder Whisky konnten wir keine verstärkte Magensäuresekretion feststellen. Trinkt die Testperson allerdings Bier, Wein oder Champagner, wird diese so stark angeregt, wie sie überhaupt nur angeregt werden kann.

Ist das nun gut oder schlecht?
Singer: Darum geht es nicht. Der Test zeigt vielmehr, dass nicht Ethanol diese Reaktion auslöst. Es müssen andere Substanzen sein, die in Bier oder Wein enthalten sind, in Cognac aber nicht. Nach vielen Jahren haben wir herausgefunden, dass Malein- und Bernsteinsäure für die Stimulierung der Magensäuresekretion verantwortlich sind. Das sind Substanzen, die bei der alkoholischen Gärung entstehen. Bei der Destillation bleiben sie allerdings im Rückstand, weswegen sie in Cognac oder Whisky nicht vorkommen – daher die unterschiedliche Wirkung. Man darf die Getränke also nicht auf ihren Alkoholgehalt reduzieren. So haben wir bei einer anderen Studie festgestellt, dass Bier auf der Magenschleimhaut weniger Schädigungen auslöst als reiner Alkohol. Im Bier sind also auch Substanzen enthalten, die die Schleimhaut schützen. Grundsätzlich kann man sagen, dass Getränke wie Whisky, Bier oder Wodka nicht die gleiche Wirkung haben, wie der in ihnen enthaltene Ethanol. Man muss das alles sehr differenziert betrachten.

Haas: Rotwein und Whisky sind zwei Alkoholika, die eine hohe Anzahl und Konzentration von Begleitstoffen besitzen und daher häufiger zu Katersymptomen führen als Gin oder Wodka. In einer Studie über Hangover-Symptome wurden zwei Testgruppen die gleichen Mengen Whisky und Wodka verabreicht. Während 33 Prozent der „Whiskytrinker“ unter schweren Katersymptomen litten, war dies nur bei drei Prozent der „Wodkatrinker“ der Fall.

Das heißt, dass der Fokus darauf, wie viel Alkohol und wie viel Prozent man konsumiert, zu kurz greift?
Singer: Ja. Allerdings möchte ich keinesfalls die Wirkung von Alkohol kleinreden. Die Daten zeigen eindeutig: Je mehr Alkohol ein Mensch trinkt, umso größer ist die Wahrscheinlichkeit, dass er eine Leberzirrhose bekommt oder andere Organe geschädigt werden. Dabei ist es egal, ob ich 25- oder 40-prozentige Getränke zu mir nehme, es kommt auf die Grammmenge des Alkohols an. Ein Liter Bier enthält bereits 40 Gramm reinen Alkohol. Das summiert sich schnell und es gibt Menschen, die im Laufe ihres Lebens mehrere Tonnen Alkohol zu sich nehmen.

Noch mal zurück zum Kochen: Würden Sie aus medizinischer Sicht davon abraten, mit Alkohol zu kochen?
Singer: Die Hauptbotschaft der Idaho-Studie lautet: Es bleiben beachtliche Mengen des Alkohols im Gericht enthalten. Wenn man eine Lebererkrankung hat oder alkoholkrank ist, sollte man also auf Alkohol in der Küche verzichten. Auch bei Kindern sollte man es lassen, weil sie diesen noch nicht abbauen können. Aber bei den Mengen, die in der Küche üblich sind, ist es für einen gesunden Menschen kein Problem, mit Alkohol zu kochen.

Sherry, Portwein und Marsala

45

Die Süßen aus dem Süden

Mögen die drei Süßweine allesamt aus südeuropäischen Gefilden stammen – bei ihrer weltweiten Verbreitung hat das britische Empire mitgemischt. Doch der Reihe nach. Was die drei eint, ist ihre Zusammensetzung: Wein wird durch Zugabe von Alkohol „aufgesprittet". Bei Marsala und Portwein unterbricht das Tuning den Gärprozess, wodurch eine hohe Restsüße verbleibt. Milde Sherrys wie Amontillado oder Oloroso, „der Duftende", hingegen werden nach vollendeter Gärung mit zuckrigen Weinen gesüßt; Sorten wie Fino und Manzanilla bleiben eher trocken. Das Besondere beim Sherry, dem Vorzeigeprodukt der andalusischen Provinz Cádiz, besteht darin, dass er im Solera-Verfahren ausgebaut wird (siehe Seite 79) und in nicht ganz gefüllten und geschlossenen Fässern reift. Die feuchte Atlantikluft lässt ihn oxidieren und schenkt so zum Beispiel dem Oloroso seine Bernsteinfarbe. Helle Typen entstehen, wenn sich eine die Oxidation unterbindende Hefepilzschicht bildet. Sie verstärkt auch das eigentümliche, an Mandeln und Hefe erinnernde Sherry-Aroma. Während süße Sherrys in der Küche Desserts bereichern, kommen Finos und Manzanillas auch bei Pilzen, Muscheln, Huhn oder Nieren zum Einsatz. Was all das mit den Engländern zu tun hat? Anno 1587 klaute Sir Francis Drake 3000 Fässer „Xeris" aus Cádiz und machte ihn im Empire als Sherry zum Modegetränk. Ebenso begehrt war dort der „Port" aus Portugal, das lange unter britischem Einfluss stand. Ob rot oder weiß, Portwein wird aus den Trauben aus dem Douro-Tal gewonnen und bei Porto ausgebaut. Typische Sorten sind der fruchtige Ruby und der trockenere Tawny. In der Küche aromatisieren sie Fruchtiges, kicken aber auch Schmorgerichte. Bleiben die zum Kochen ebenfalls geschätzten Inselgetränke Madeira und der Marsala aus der gleichnamigen Hafenstadt auf Sizilien. Letzterer kam auf, als die nach Süßwein lechzenden Briten im 18. Jahrhundert von den Lieferwegen des Portweins und Sherrys abgeschnitten waren. Marsala, ebenfalls in diversen Farbtönen und Süßegraden erhältlich, ist ein Muss bei Klassikern wie Zabaione und Tiramisu. Danke Südeuropa. And God save the Queen.

46

Chili-Sherry-Marmelade

1 Glas Marmelade

- 150 g rote Chilis
- 150 g Gelierzucker
- 200 ml Sherry (medium)
- 1 Prise Salz

Süße, säuerliche oder bittere Marmelade hat man schon gekostet. Diese scharfe Variante könnte indes eine Entdeckung sein: Das Chiliaroma breitet sich auf der Sherry-Basis aus und wird in Zucker eingedickt. Weltweit wachsen mehr als 100 verschiedene Sorten der Schoten. Dabei gilt: Je kleiner und röter, desto schärfer. Für die Marmelade verwendet man am besten rote und nicht allzu scharfe Schoten. Selbst bei diesen wird beim Kochen noch ein schwerer, fast beißender Duft durch die Küche ziehen. Die Marmelade passt zu Fleisch oder aufs Brot, als „feurige" Begleitung zum Drink und als Muntermacher zum Katerfrühstück. In Italien werden solche Marmeladen, sogenannte Mostarde, auch gerne zu einer Käseplatte gereicht. Noch ein Tipp: Beim Schneiden der Chilis zieht man besser Gummihandschuhe an.

Die Chilis waschen und in sehr feine Ringe schneiden. Wer es weniger scharf mag, kann die Kerne entfernen. Die Chiliringe zusammen mit dem Sherry in einen Topf geben und einige Minuten köcheln lassen, bis sie weich geworden sind. Das Aroma der Chilis wandert in die Flüssigkeit, Alkohol verflüchtigt sich. Jetzt den Gelierzucker einrühren. Aufkochen und unter Rühren vier bis fünf Minuten weiter kochen. Wenn der Zucker anzieht, die Marmelade vom Herd nehmen und in ein gut gespültes Glas mit Schraubdeckel füllen. Sie ist jetzt noch recht flüssig, beim Erkalten nimmt sie ihre marmeladige Konsistenz an. Falls sich die Chilis oben absetzen, noch einmal kurz umrühren. Auf Jahre haltbar bleibt nicht nur diese Marmelade, wenn man das Glas mit Hochprozentigem füllt, diesen anzündet, das Glas mit dem Deckel verschließt und es so lange auf den Kopf stellt, bis es erkaltet ist.

49

Merguez im Weinblattwickel auf Tomatenragout mit Kartoffelstroh

Für 4 Personen

Würstchen, Tomatensauce und frittierte Kartoffel – dieses Gericht klingt nach Fast Food. Das ist es auch, allerdings in einer veredelten und raffinierten Variante. In jedem Fall ist es geschmacklich eine äußerst intensive Angelegenheit, wozu auch der Portwein seinen Teil beiträgt. Merguez sind scharf gewürzte Lammbratwürste, die man im marokkanischen Lebensmittelgeschäft bekommt. In diesem Rezept werden sie in salzige Weinblätter gewickelt, bevor sie in die Pfanne kommen.

Zunächst die Stiele der Weinblätter abschneiden und die Blätter mit der adrigen Innenseite nach oben legen. Je ein Würstchen in ein Weinblatt wickeln. In etwas Olivenöl vorsichtig von allen Seiten anbraten. Ist die Hitze zu hoch, verbrennen die Blätter und der gute Geschmack ist dahin.

Für das Ragout die Kirschtomaten in Olivenöl in einer zweiten Pfanne bei mittlerer Temperatur andünsten, bis sie Farbe angenommen haben. Knoblauch, getrocknete Tomaten, Kräuter und Butter zugeben und vorsichtig salzen. Mit Portwein ablöschen und zum Schluss mit frischem Koriander bestreuen.

Für die Beilage die Kartoffelstreifen in heißem Pflanzenöl frittieren und anschließend kurz auf Küchenpapier abtropfen lassen. Salzen und zusammen mit den Merguez-Weinblatt-Wickeln sowie dem Tomatenragout anrichten.

16 große Weinblätter, in Salzlake eingelegt
16 Merguez-Würstchen
Olivenöl

Ragout
250 g Kirschtomaten
2 EL Olivenöl
2 Knoblauchzehen, gehackt
5 getrocknete und eingelegte Tomaten, geschnitten
einige Blätter Oregano und Basilikum, geschnitten
1 EL Butter
Salz
100 ml roter Portwein
1 EL Koriander, geschnitten

Kartoffelstroh
3 große mehlige Kartoffeln, geschält und in sehr feine Streifen geschnitten
Pflanzenöl oder Butterschmalz zum Frittieren
Salz

Hauchdünnes Schweinefilet auf Thunfischsauce mit Tomaten-Relish

Vorspeise für 4 Personen

Dieses Rezept ist eine Abwandlung der Vorspeise Vitello tonnato: Im Unterschied zum italienischen Klassiker wird hier nicht Kalbsfleisch hauchdünn aufgeschnitten, sondern das Beste vom Schwein. Der Thunfisch für die Sauce kommt nicht aus der Dose, sondern frisch aus dem Meer. Statt mit Wein wird die Sauce mit einem trockenen Sherry aromatisiert. Schließlich kommt ein neues Element hinzu – ein Tomaten-Basilikum-Relish. Ein Relish ist eine aus Obst oder Gemüse hergestellte Würzsauce, insofern eine Verwandte der Chutneys, die es in allen Varianten gibt, von mild über süß-sauer bis feurig-scharf. Hier ist sie mild.

Filet
600 g Schweinefilet
(vom Jungschwein)
Salz und Pfeffer
1 EL Butterschmalz
2 EL Zucker
1–2 Knoblauchzehen, geschnitten

Relish
2 rote Zwiebeln, fein geschnitten
1 EL Butterschmalz
1/2 Knoblauchzehe, fein geschnitten
4 Eiertomaten, entkernt und fein gewürfelt
1–2 TL brauner Zucker
trockener Sherry
Salz
2 Zweige Basilikum, Blätter in feine Streifen geschnitten

Sauce
200 g frischer Thunfisch, gewürfelt
1 EL Olivenöl
1 EL Butterschmalz
Pfeffer
1–2 EL Kapern
trockener Sherry
Sahne
evtl. Fleischbrühe
Zitronensaft
Salz

Das Schweinefilet parieren – also von unerwünschten Sehnen befreien –, salzen und pfeffern. In einer schweren Pfanne das Schmalz erhitzen und bei mittlerer Hitze den Zucker darin schmelzen (aufpassen, dass er nicht verbrennt). Den Knoblauch zufügen, dann das Filet von allen Seiten glacieren. Anschließend wird es im Ofen bei 85 Grad noch etwa 20 Minuten gegart und dabei immer wieder mit dem eigenen Saft übergossen. Das Innere des Filets soll nicht mehr roh, aber noch zartrosa sein. Anders ausgedrückt: Die Kerntemperatur sollte 63 Grad nicht übersteigen.

Für das Relish die Zwiebeln im Butterschmalz anschwitzen. Zuerst den Knoblauch, dann die Tomatenstücke und schließlich den Zucker zugeben. Das Ganze mit Sherry ablöschen und so lange köcheln, bis es etwas eingedickt ist. Vom Herd nehmen, leicht salzen und Basilikum zugeben.

Nun zur Sauce: In einer Pfanne den Thunfisch in Olivenöl und Schmalz anbraten. Groben Pfeffer darüber streuen, Kapern zugeben und mit Sherry großzügig ablöschen. Etwas Sahne zugießen. Das Ganze kurz aufkochen lassen, in einen Mixbecher geben und zu einer glatten, fließenden Sauce pürieren. Falls diese zu fest ist, etwas Brühe nachgießen. Mit Zitronensaft und Salz abschmecken.

Zum Servieren auf flachen Tellern einen Spiegel Thunfischsauce ausbreiten. Das Schweinefilet mit einem scharfen Messer und viel Muße entlang der Fasern in möglichst dünne Scheiben schneiden. Diese luftig auf der Sauce verteilen und zuletzt das Relish darüber träufeln.

51

Lammrücken im Salbei-Mais-Mantel auf Pilzen und Chorizo

Für 4 Personen

Das Mantel-Prinzip: Die Polenta-Panade um den Lammrücken erledigt den gleichen Job wie die Mehl-Semmelbrösel-Panade beim Wiener Schnitzel. Kohlenhydrate und Eiweiße verbacken nämlich schnell zu einer knusprigen Hülle, in der das Fleisch langsam garen kann, ohne auszutrocknen. Hier soll es sogar noch schön rosa bleiben.

Die Pilze putzen (große Exemplare halbieren) und mit Frühlingszwiebeln, Knoblauch, Thymian, Oregano, Butter und Sherry im vorgeheizten Ofen bei 160 Grad etwa 20 Minuten garen. Herausnehmen und ziehen lassen.

Den Lammrücken von den Sehnen befreien, kräftig salzen und pfeffern, Rosmarin und Knoblauch darüber streuen und andrücken. Das Eigelb mit etwas Wasser verrühren und die Polenta auf einen großen Teller streuen. Den Rücken mit dem Eigelb bestreichen, in der Polenta wälzen und diese fest andrücken. Das Olivenöl in einer schweren Pfanne erhitzen und das Fleisch darin von allen Seiten anbraten. Anschließend herausnehmen, mit etwas Butter in eine feuerfeste Form legen und im Backofen bei geringer Temperatur (etwa 85 Grad) ungefähr 45 Minuten garen (die Kerntemperatur sollte 57 Grad nicht übersteigen).

In der gleichen Pfanne – also in dem Ansatz des Lamms – die Chorizo auslassen. Nun kurz die Temperatur erhöhen und den frischen Koriander in der Pfanne „aufzischen“ lassen. Mit Portwein ablöschen. Entzündet sich dieser nicht von selbst, mit einer Flamme nachhelfen – die Chorizo soll brennen. So lange brodeln lassen, bis der Portwein etwas eingedickt ist. Die Pilze mit dem Sherry-Sud in einem Topf schwenken und mit Salz abschmecken. Auf den Tellern zunächst die Pilze anrichten, dann den Lammrücken schräg aufschneiden und auf die Pilze setzen. Zuletzt die Chorizo mit dem Portweinsud darüber geben. Mit Weißbrot servieren.

Pilze

350 g Pilze (jede gewünschte Sorte, z.B. Semmelstoppelpilze, Herbsttrompeten oder Kräuterseitlinge)
3 Frühlingszwiebeln, in Ringe geschnitten
1–2 Knoblauchzehen, fein geschnitten
etwas Thymian und Oregano, abgezogen
2 EL Butter
1 kräftiger Schuss trockener Sherry
Salz

Fleisch

800 g Lammrücken (ausgelöst, also ohne Knochen)
Salz und Pfeffer
2 Rosmarinzweige, abgezogen
2 Knoblauchzehen, geschnitten
1 Eigelb
100 g Polenta
3 EL Olivenöl
1 EL Butter
1 kräftige Chorizo, gehäutet und in Scheiben geschnitten
einige Korianderzweige, geschnitten
1 kräftiger Schuss roter Portwein

Granatsplitter auf marinierten Orangenfilets

Wohin mit dem überschüssigen Marmor- oder dem vor sich hin trocknenden Sandkuchen? Ab in den Granatsplitter. In vielen Bäckereien ist die Zubereitung dieser süßen Kalorienbomben eine Form der Resteverwertung. Natürlich kann man auch zu Hause so vorgehen und den Überschuss von Muttis Rührkuchen verwenden. In diesem Rezept wird allerdings ein biskuitähnlicher Kuchen frisch zubereitet. Er wird zerbröselt, mit Buttercreme vermischt, auf Mürbeteigböden geschichtet und mit Schokolade überzogen – fertig sind die gehaltvollen Granaten. In der DDR hieß die Süßspeise übrigens Punschberg, in Berlin sagt man Hackstockkratze. Warum sie im Westen einen solch militärischen Namen erhalten hat, ist eigentlich unverständlich, stimmen die Kuchen-Schokoberge doch selbst die aufgeregtesten Gemüter friedlich. Von daher: Make Granatsplitter, not war.

Für den Kuchen die Eier trennen. Das Eigelb mit dem Zucker so lange schlagen, bis die Masse hell und cremig geworden ist. Im nächsten Schritt das Eiweiß mit einer Prise Salz und etwas Zucker zu Eischnee schlagen. Die weiche Butter unter die Eigelb-Zucker-Masse ziehen, Mehl und Backpulver einsieben und unterrühren. Zum Schluss den Eischnee vorsichtig unterheben. Den Teig in eine gefettete Form geben und bei 180 Grad etwa 30 Minuten backen. Anschließend abkühlen lassen.

Für die Unterlagen kann man Mürbeteig genauso zubereiten wie bei dem Quicherezept auf Seite 136. Allerdings reicht ein Drittel der dort angegebenen Menge. Den Teig ausrollen und mit einem Förmchen Kreise mit einem Durchmesser von etwa vier Zentimetern ausstechen. Diese backen.

Für die Buttercreme die Eigelb mit dem Zucker schaumig schlagen – der Zucker sollte sich aufgelöst haben. Die Butter und einen kalten Espresso unterrühren. Nun den Likör zugießen. Den abgekühlten Kuchen in kleine Stücke brechen und mit unter die Buttercreme mischen. Diese kalt stellen.

Jetzt wird gebaut. Die Kuchen-Creme-Masse so auf die Mürbeteigböden schichten, dass spitze Berge entstehen. Diese auf einen Rost stellen. Die Schokolade im Wasserbad schmelzen, mit etwas Wasser leicht verdünnen und die Splitter damit überziehen. An einem kühlen Ort trocknen lassen.

Für die Orangen den Zucker in eine Pfanne geben und in etwas Wasser auflösen. Jetzt den Herd anstellen und die Masse langsam erhitzen. Das Wasser beginnt durch die Hitze zu verdampfen und die Zuckermasse verwandelt sich langsam, aber sicher in eine goldbraune Karamellmasse. Die Orangenfilets dazugeben und sofort mit Sherry ablöschen. Würzen.

Zum Anrichten die Orangenfilets samt Sauce auf Teller geben und je einen oder auch zwei Granatsplitter daraufsetzen.

Für 15–20 Granatsplitter

Kuchen
4 Eier
60 g Zucker
Salz
90 g Butter
100 g Mehl
1/2 TL Backpulver

Boden
Mürbeteig (siehe Seite 136) oder gekaufte runde und mürbe Kekse

Buttercreme
5 Eigelb
4 EL Zucker
130 g Butter
1 Espresso, kalt
8 cl Kakao-Likör, kalt

Überzug
400 g Bitterschokolade, in Stücke gebrochen
1 Schuss Wasser

Orangen
2 EL Zucker
4 cl Sherry
3 Orangen, filettiert
je 1 Msp. Piment und Kardamom

55

Biscotti di Prato (Toskanische Mandelkekse) mit Marsala

Etwa 15 Kekse

In Italien gibt es die harten Mandelkekse meist zum Espresso. Dann ist die Sache alkoholfrei. Hier werden sie allerdings in Marsala getunkt, bevor man sie verputzt. Wer auf nichts verzichten will, kombiniert Biscotti eben mit Espresso und Marsala. Eigentlich ist das Gebäck eine edle Variante von Zwieback. Wie dieser kommt es nämlich zweimal in den Ofen, zunächst am Stück, später in Scheiben. Die Mandeln für die Biscotti werden übrigens nicht geschält, bevor sie glaciert werden. Warum auch, die Schale verleiht den Mandeln eine kräftige Note. Außerdem spart man sich Arbeit.

200 g ganze Mandeln
4 EL Zucker
Salz
3 große Eier, Eigelb und Eiweiß getrennt
200 g Zucker
Mark von 1 Vanilleschote
Schale von 1 Zitrone, gerieben
400 g Mehl
1/2 Pck. Backpulver
1 EL Butter fürs Blech

Marsala zum Trinken und „Stipsen"

Bevor der Teig hergestellt wird, werden die Mandeln glaciert. Hierzu den Boden einer Pfanne mit Zucker bedecken und diesen langsam schmelzen lassen. Die Mandeln darin wenden, bis sie von einer braunen und klebrigen Karamellschicht umzogen sind. Leicht salzen und anschließend zum Trocknen auf ein Stück Backpapier geben.

Für den Teig das Eiweiß mit einem Esslöffel Zucker und einer Prise Salz zu Eischnee schlagen. Dann das Eigelb mit dem übrigen Zucker cremig schlagen – „schlotzig" sagen Köche, sagt Simon Horn. Vanillemark, Zitronenschale, Mehl und Backpulver dazugeben. Die erkalteten Mandeln untermischen, schließlich den Eischnee vorsichtig unterheben.

Die Teigmasse auf ein gebuttertes oder mit Backpapier ausgelegtes Blech legen. Sie sollte die Form eines länglichen Brotlaibes haben. Bei 180 Grad etwa 15 Minuten backen. Den „Kuchen" anschließend sofort in etwa zwei Zentimeter dicke Schnitten schneiden und diese im noch warmen Backofen „nachtrocknen" lassen, sodass sie schön kross werden. Zusammen mit dem Marsala servieren.

Maria Riolfo lebt in Ligurien – seit mehr als 80 Jahren. Lange hat sie nicht nur für ihre Familie, sondern auch für die Gäste in ihrem Restaurant gekocht. Hierzulande bekannt wurde sie durch das erfolgreiche Buch ihrer in Hamburg lebenden Enkelin Larissa Bertonasco, „La nonna, la cucina, la vita. Die wunderbaren Rezepte meiner Großmutter" (2005). Die Illustratorin (www.bertonasco.de) hat ihre Nonna für dieses Buch interviewt und das Interview ins Deutsche übersetzt. Vielen Dank.

Wein gehört zu unserem Alltag. *Von Amaretto und Campari über Grappa und Limoncello bis zu Marsala und Martini – neben Frankreich ist Italien das Land mit der größten Auswahl an alkoholischen Getränken. Ebenso vielfältig ist die Küche. Wie fließt das eine in das andere? Fragen an eine Frau, die es wissen muss:* **Maria Riolfo** *ist eine waschechte „Nonna" und hat einen großen Teil ihres Lebens am Herd verbracht.*

Sie sind noch immer eine passionierte Köchin. Haben Sie stets eine Flasche Wein im Haus?
Ja, natürlich. Wein habe ich immer, weißen und roten.

Was steht noch in Ihrer Hausbar?
Vielleicht noch eine Flasche Cognac und eine Flasche Marsala – da muss ich mal nachschauen. Andere Sorten habe ich eigentlich nicht, es sei denn, jemand hat sie mir geschenkt.

Kochen Sie zum Beispiel nicht mit Amaretto, Martini, Marsala, Limoncello oder auch mal einem Grappa?
Limoncello verwende ich nie. Grappa auch nicht. Marsala nehme ich für Süßspeisen wie Zuppa inglese, Amaretto braucht man für Tiramisù und trockenen Martini gebe ich an den Teig, in dem ich Salbeiblätter oder Zucchiniblüten ausbacke. Mit Cognac könnte man eine flambierte Banane machen, wenn das jemand mag. Zum richtigen Kochen verwende ich eigentlich nur Wein. Neulich hat mir allerdings eine Freundin erzählt, dass es ganz vorzüglich schmecken soll, wenn man Huhn in Bier kocht. Ich habe das aber noch nicht ausprobiert. Es ist wohl auch kein italienisches Rezept, es kommt bestimmt aus Deutschland.

In dem Buch über Ihre Küche gibt es ein Rezept, in dem ein halber Liter Grappa mit der gleichen Menge Milch, Zitronenschale, Zucker sowie einer Vanilleschote vermischt wird und zwei Wochen zieht.
Ja, „Grappa al latte". Das ist aber ein Getränk, das man als Digestif oder zum Kaffee trinkt.

„Bei uns kochen alle mit Wein, ob in Nord- oder in Süditalien, ob arm oder reich."

Für welche Gerichte verwenden Sie Weißwein, für welche Rotwein?
Nun, für Fisch verwende ich einen leichten Weißwein, aber auch für die Sauce von Scaloppine, die italienischen Kalbsschnitzel. Mit Weißwein löscht man natürlich auch Risotto ab. Und wenn ich Artischocken einlege, koche ich sie in Weißwein, Weißweinessig und Salz. Rotwein verwende ich eher für schwere Fleischgerichte wie Braten oder Ragù, also meine Hackfleischsauce.

Wie setzen Sie den Wein zum Beispiel beim Ragù ein?
Ich röste das Fleisch an, dann gebe ich etwa ein halbes Glas Rotwein dazu und lasse ihn verkochen, bis die Masse wieder trocken wird. Wichtig ist, dass man den Wein richtig dosiert – man darf nicht zu viel nehmen. Es darf nur ein leichter Hauch Weinaroma übrig bleiben. Auf keinen Fall soll es penetrant nach Wein schmecken.

Sie haben lange als Köchin in einem Restaurant gearbeitet. Gab es da noch andere Gerichte mit Alkohol als die bei Ihnen zu Hause?
Nein, ich habe in Restaurants genauso gekocht wie zu Hause. Ich habe immer das gekocht, was gut schmeckt.

Wie ist das mit regionalen Besonderheiten: Kochen zum Beispiel Römer weniger oder anders mit Wein als Venezianer oder Piemonteser?
Bei den Rezepten gibt es schon Unterschiede in den verschiedenen Regionen. Für Kaninchen kenne ich zum Beispiel schon zwei oder sogar drei verschiedene Arten der Zubereitung.

Können Sie uns ein Beispiel geben?
Wenn man Kaninchen mit Rotwein zubereiten möchte, zerteilt man es und legt das Fleisch zusammen mit Zwiebeln, Rosmarin und anderen aromatischen Gewürzen in Rotwein. Darin lässt man es zwei Tage ziehen und nimmt es anschließend heraus. Dann brät man das Fleisch mit allen Zutaten, die dazugehören an, gibt den Wein wieder dazu und lässt das ganze langsam vor sich hin kochen. Das gibt eine dunkle Sauce. Man kann Kaninchen aber auch mit Weißwein kochen. Dabei brät man es in Olivenöl an, gibt ein Glas Weißwein, Pinienkerne, Zwiebeln, Oliven, Rosmarin, Thymian und Lorbeerblätter dazu und lässt es eine Stunde köcheln. Das ist die Art, wie es bei uns in Ligurien zubereitet wird und wie ich es am liebsten mag.

Denken Sie bei „Kochen mit Alkohol" eigentlich eher an festliche Speisen oder an die italienische Alltagsküche?
Bei uns ist Wein ein ganz alltägliches Getränk und alle kochen auch damit, ob arm oder reich, ob in Nord- oder Süditalien. Wein gehört einfach zu unserem Alltag und er tut gut.

Wein 61

Der Weltstar

Ob es die Evolution oder – angeblich ist das ja nicht mehr so klar – doch Gott war: Der Erfinder der Weintraube hat Großes geleistet. Im Prinzip ist sie eine vollautomatische Weinfabrik. So ermöglichen ihre natürlichen Inhaltsstoffe eine alkoholische Gärung ohne Zusatz eines weiteren Stoffes. Platzt ihre Haut auf, machen sich die darauf siedelnden Hefen über ihren Zucker her – und schon gärt es. Dabei ist die Weintraube mit besonderen Fähigkeiten gesegnet: Wie keine andere Frucht kann sie extreme Dosen von Zucker speichern. Gleichzeitig behält sie noch im Zustand höchster Reife beachtliche Mengen an Säure. Unvergleichlich süß und vielfältig sauer, die Traube bringt alles mit, um Wein zu werden. Zur Ehrenrettung der weltweit agierenden Winzer, Kellermeister und Önologen sei gesagt: Auch ihre Arbeit ist wichtig – vom Anbau der Reben bis zum Ausbau des Mostes zu Weißwein bzw. der Maische zu Rotwein. Der Mensch steuert vor allem den Gärprozess, sodass sich die gewünschten Säuren miteinander verbinden. Und weil er das seit vielen tausend Jahren übt, konnte Wein nicht nur Kulturgut, sondern auch zum Platzhirsch in der Küche werden. Er steckt in der Rieslingsuppe ebenso wie im Coq au Vin und im Bœuf Bourguignon, in jedem Risotto und jeder Beurre Blanc, in vielen Saucen und Schmorgerichten, im Käsefondue und in der Zabaione. Mit Wein wird mariniert, abgelöscht, abgeschmeckt, gekocht – nur zum Flambieren taugt er mit maximal 14 Prozent Alkoholgehalt nicht. Seine Prominenz in der Küche rührt auch daher, dass er in gastronomisch so prägenden Ländern wie Frankreich und Italien immer und überall zur Hand ist. Seinen vielseitigen Einsatz verdankt er jedoch den Vorleistungen der Traube. Durch sie liefert Wein nicht nur Ethanol und Aromen wie andere Alkoholika, sondern auch eine gehörige Ladung der kochtechnisch und kulinarisch so wirkungsvollen Säuren. Respekt, kleine Weintraube.

62

Jakobsmuscheln in Kräuter-Weißwein-Marinade

Vorspeise für 4 Personen

Jakobsmuscheln, die vor allem an den Küsten des Atlantiks zu Hause sind, zählen zu den größten und schmackhaftesten aller essbaren Muscheln. Bei dieser Vorspeise wird ihr Fleisch „nackt“, also ohne weitere Beilage und jegliche Verzierung gegessen. Hierzu wird es zunächst in Form gebracht, indem man ihm das Wasser entzieht. Übrig bleibt ein schön gebräunter, kompakter Muskel. Dieser hat dann 24 Stunden Zeit, die Aromen des Wein-Kräuter-Suds in sich aufzunehmen. Insofern mag das Muschelfleisch äußerlich nackt sein – in seinem Inneren ist es reichlich ausstaffiert. Zitronensäure ist hier frischem -saft vorzuziehen. Die Marinade bleibt klar und durch die konservierende Wirkung der Ascorbinsäure lange haltbar.

Fleisch von 12 großen Jakobsmuscheln
400 ml Weißwein
einige Rosmarin- und Thymianzweige
3 Lorbeerblätter
2 Knoblauchzehen, grob geschnitten
1/2 rote Chili, geschnitten
1 Prise Salz
1 TL Zitronensäure (-granulat)
1/2 Bund Koriander, geschnitten

Das Muschelfleisch ohne alles – ohne Fett, Öl oder Salz – bei niedriger Hitze in eine Pfanne legen und vor sich hin „schmurgeln“ lassen. Saft und Wasser treten aus, eventuell blubbert und schäumt es. Das ganze dauert einige Minuten. Ist die Flüssigkeit verdampft, nimmt das Fleisch an der Oberfläche Farbe an. Nun wenden und die andere Seite bräunen.

Für die Marinade den Weißwein mit der gleichen Menge Wasser in einen Topf geben, Rosmarin, Thymian, Lorbeer, Knoblauch, Chili und Salz zufügen. Die Flüssigkeit aufkochen und um etwa ein Drittel reduzieren. Von der Flamme nehmen und etwas abkühlen lassen. Zitronensäure und Koriander zugeben. Die Muscheln in den Sud legen und im Kühlschrank mindestens 24 Stunden ziehen lassen. Zum Servieren die Muscheln in ihrer nackten Pracht auf kleine Teller legen und mit Weißbrot verzehren.

Selbst gebackenes Weißbrot

1 Laib

Außen kross, innen fluffig: So soll das Brot sein und so wird es, nicht zuletzt dank der üppigen Zugabe von Hefe, auch werden. Praktisch: Anders als bei frischer Hefe muss man bei Trockenhefe keinen Vorteig ansetzen. Wie bei fast jedem Brotteig gilt: Je länger er geknetet wird, umso lockerer wird das Brot – und umso kräftiger die Armmuskulatur. Das Öl macht den Teig noch geschmeidiger. Der Wein ist zwar kaum oder nicht zu schmecken, hebt aber die Stimmung. Wer mag, aromatisiert das Brot zusätzlich mit Anis, Fenchelsamen oder anderem aus dem Gewürzschrank.

1 Schuss Weißwein
1/2 l warmes Wasser
1 kg Mehl
3 Pck. Trockenhefe
1 Schuss Pflanzenöl
2 TL (gestrichen) Salz
1 Prise Zucker
grobes Meersalz zum Bestreuen

Den Wein in das Wasser geben. Das Mehl mit der Hefe vermischen, die Wasser-Wein-Mischung zugießen und mit dem Öl, dem Salz und der Prise Zucker zu einem Teig verarbeiten. Nun kneten, kneten, kneten. Der Teig soll elastisch werden und nicht mehr kleben, bei Bedarf noch Mehl oder Wasser zufügen. Den Teig zugedeckt an einen warmen und zugfreien Platz stellen und so lange stehen lassen, bis er sein Volumen verdoppelt hat. Noch einmal kurz durchkneten. Anschließend gibt man ihn in eine geölte Form oder formt ihn zu einem Laib und legt ihn auf ein mit Backpapier ausgelegtes bzw. eingeöltes Blech. Mit grobem Meersalz bestreuen und in den kräftig vorgeheizten Backofen schieben. Nach wenigen Minuten die Temperatur auf 180 Grad senken. Nach weiteren 20 bis 25 Minuten ist das Brot fertig.

Wasabi-Mayonnaise mit weißem Bordeaux

1 großes Schraubglas

Wer Sushi kennt, kennt Wasabi. Die hellgrüne Paste verleiht den milden Reisröllchen die nötige Schärfe. Hergestellt wird sie aus der dem Meerrettich ähnlichen Wasabi-Pflanze, die wild vor allem in Japan und auf der Insel Sachalin wächst. Anders als bei Chilischoten sorgen flüchtige Senföle für die Schärfe. Daher brennt Wasabi – wie Meerrettich, aber anders als Chili – auch nicht auf der Zunge, sondern in der Nase. Diese japanische Variante von Alioli, die mit Bordeaux verfeinert und „gesäuert" wird, passt zu Fisch und Fleisch, aber auch einfach auf Brot. Wegen der rohen Eier sollte man sie schnell verzehren – ein gutes Argument für den Nachschlag.

3 Eigelb
1 Tube Wasabi-Paste (40 g)
Salz
300 ml Sonnenblumenöl
4 cl weißer Bordeaux
Limettensaft

Jede Mayonnaise klappt besser, wenn die Zutaten ähnlich „temperiert" sind. Von daher zunächst alles Nötige aus dem Kühlschrank holen und eine Stunde in der Küche stehen lassen. Dann geht es los: Das Eigelb mit der Wasabi-Paste und etwas Salz in ein schmales Gefäß geben und mit dem Schneebesen oder dem Handrührgerät (nur ein Einsatz und niedrigste Stufe) verrühren. Das Öl zuerst tropfenweise, dann in einem dünnen Strahl unter ständigem Rühren zugießen und die Masse „hochziehen", bis sie die Konsistenz von Mayonnaise angenommen hat. Mit dem Bordeaux, Limettensaft und eventuell noch Salz abschmecken. Auf lauwarmes Brot schmieren, reinbeißen und spüren.

Topinambur-Püree mit Vanille-Malz-Karotten

Für 4 Personen

Gemüse trifft Gemüse: Bei diesem Gericht ergänzt das süßlich-scharfe Karottengemüse das nussige Püree und beide türmen sich zu einem delikaten „Mount Vegetable". Jedes für sich passt aber auch gut als Beilage zu Fleisch. Das Knollengemüse Topinambur haben schon die Indianer Nordamerikas gegessen. Mit der Kolonisation kam die Knolle, die auch als Sonnenwurzel, Rosskartoffel oder Jerusalemartischocke bezeichnet wird, nach Europa. Praktisch: Sofern man „bio" kauft, muss man die Knollen nicht einmal schälen, sie zu bürsten reicht vollkommen.

Für das Püree die Butter in einem Topf schmelzen. Die Zwiebelwürfel darin anschwitzen, bis sie leicht Farbe angenommen haben. Dann den Knoblauch und die Topinamburstücke dazugeben, mit Salz und Pfeffer würzen und einige Minuten dünsten. Schließlich mit Weißwein ablöschen. Die Frühlingszwiebeln zufügen und so viel Brühe zugießen, bis das Gemüse bedeckt ist. Deckel auf den Topf und die Knollen in etwa 15 Minuten kochen, bis sie weich sind. Dann werden sie püriert und abgeschmeckt. Bei Bedarf noch Flüssigkeit zugeben: Das Püree soll sämig, aber nicht zu flüssig sein.

Für das Karottengemüse die Butter in einer Pfanne schmelzen. Die Karottenscheiben darin anbraten. Mit Salz und Pfeffer würzen. Chili, Vanille und Gerstenmalz zugeben. Sobald das Malz die Karotten umschlossen hat, einen ordentlichen Schuss Weißwein zugießen. Weiterdünsten, bis die Karotten gar sind, aber noch Biss haben.

Für die Garnitur das Öl in einem Topf erhitzen und die Basilikumblätter darin kross frittieren. Das Püree auf Tellern verteilen, die Malzkarotten darauf geben und mit den Basilikumblättern garnieren.

Topinambur-Püree
1 EL Butter
1 rote Zwiebel, gewürfelt
1 Knoblauchzehe, geschnitten
600 g Topinambur, grob gewürfelt
Salz und Pfeffer
100 ml Weißwein
3 Frühlingszwiebeln, in dünne Ringe geschnitten
etwa 1/4 l Gemüsebrühe

Karottengemüse
1 EL Butter
600–800 g Karotten, geschält und in feine Scheiben geschnitten
Salz und Pfeffer
1 rote Chili, fein geschnitten
Mark von 1/3 Vanilleschote
1–2 EL Gersten- oder Reismalz
100 ml Weißwein

Garnitur
frisches Basilikum
200 ml Pflanzenöl

Geschmorte Ochsenbacken mit Rosmarin-Kartoffel-Spießen

Von Forellen weiß man: Die Bäckchen sind das Beste. So ist es auch bei Ochsen, und bei diesen aus einem einleuchtenden Grund: Da sie nichts anderes tun als käuen und wiederkäuen, sind ihre Backen den ganzen Tag über im Einsatz. Sie haben einen intensiven Rindergeschmack, sind gut trainiert und lassen die Sauce leicht gelieren. Dumm ist nur, dass Ochsenbäckchen seit dem BSE-Wahnsinn als Innereien gelten und die Schlachter sie aussortieren müssen. Gut hingegen ist, dass man das im Ausland anders sieht. Daher bekommt man im Großhandel zum Beispiel französische Ochsenbacken. Und wer bei dem Metzger seines Vertrauens nachhakt, dürfte ebenfalls fündig werden. Bei diesem Rezept werden die Backen einige Stunden in Rotwein geschmort, was sie so zart macht, dass man sie fast mit dem Löffel essen kann, und eine dichte High-Intense-Sauce entstehen lässt. Die hier vorgeschlagene Beilage hat drei Vorteile: Erstens sind Rosmarin-Kartoffel-Spieße delikat, weil die Kräuterzweige durch die Kartoffeln gezogen werden und ihr Aroma dadurch auch in deren Innerem entfalten. Zweitens machen sie optisch was her. Drittens erinnert ihre Zubereitung an das Basteln von Kastanienmännchen.

Die Ochsenbacken mit einem scharfen Messer von den groben Sehnen und von den Fettdeckeln befreien, ordentlich salzen und pfeffern. Das Butterschmalz in einem massiven Topf erhitzen, den Zucker hineinrieseln lassen. Sobald dieser flüssig und hell – aber noch nicht braun – geworden ist, die Ochsenbacken mitsamt den abgeschnitten Teilen darin kräftig anbraten. Den Knoblauch zugeben. Ist das Fleisch von allen Seiten gut gebräunt, herausnehmen und das Gemüse im gleichen Topf anbraten. Mit der Hälfte des Tomatenmarks glacieren, die Kräuter zugeben, mit einem ordentlichen Schluck Rotwein ablöschen und einige Minuten köcheln lassen. Nun das restliche Tomatenmark und den restlichen Wein zugeben. Die Backen wieder in den Topf geben und mit so viel Wasser oder Kalbsfonds aufgießen, dass sie bedeckt sind. Deckel drauf. Das Fleisch bei niedriger Temperatur gute zweieinhalb Stunden schmoren. Die Backen danach abermals herausnehmen und zur Seite stellen. Sehnen und Fettstücke aussortieren. Die Sauce durch ein feines Sieb streichen, weiter reduzieren und in jedem Fall abschmecken.

Während das Fleisch schmort, werden die Kartoffeln gebacken. Diese gut waschen und den Backofen auf 200 Grad vorheizen. Dann wird gebastelt: Mit einem Schaschlik-Spieß die Kartoffeln durchbohren. Einen Rosmarinzweig durch die „gelochten“ Kartoffeln ziehen, sodass auf jedem Zweig einige Kartoffeln stecken. Die Rosmarin-Kartoffel-Spieße auf ein Backblech legen, mit Olivenöl beträufeln und mit grobem Meersalz bestreuen. Ab in den Ofen und dort in 30 bis 40 Minuten gar backen.

Zum Servieren pro Person eine halbe Ochsenbacke samt ein oder zwei Kartoffel-Spieße auf einem Teller anrichten und das Fleisch mit der Sauce übergießen.

Für 4 Personen

Ochsenbacken
2 Ochsenbacken (à 400–500 g)
Salz und Pfeffer
2 EL Butterschmalz
2 EL Zucker
4 Knoblauchzehen, grob gehackt
4 Karotten,
1/2 Staudensellerie und
2 rote Zwiebeln, alles grob gewürfelt
1 kleine Dose Tomatenmark
Rosmarin und Thymian
5 Lorbeerblätter
1 Flasche Rotwein (beerig, kräftig)
evtl. Kalbsfonds

Kartoffeln
800 g festkochende, kleine Kartoffeln (z.B. Drillinge)
1 Bund Rosmarin mit dichten und festen Zweigen
6 EL Olivenöl
1 EL grobes Meersalz

Maishühnchen im Oktopus-Mantel, Paprikagemüse und rotem Reis

Für 4 Personen

Dieses Rezept ist im Grunde eine Adaption eines Surf 'n' Turf-Gerichtes, bei dem Fleisch und Meeresfrüchte kombiniert werden – klassischerweise Steak mit Hummer. In diesem Fall bekommt das Maishühnchen ein Schuppenkleid aus Oktopusscheiben. Die große Frage bei Oktopus lautet: Wie bekommt man ihn zart? Bei diesem Rezept sorgen Säure und Alkohol des Weins für den gewünschten Effekt. Damit sich diese Mühe lohnt, kann man gleich ein größeres Exemplar kaufen, Teile für das Maishühnchen verwenden und den Rest am nächsten Tag als Tapa essen, zum Beispiel kurz in Olivenöl geschwenkt und mit scharfem Paprikapulver gewürzt.

Für den Oktopus zunächst den Rosé mit der gleichen Menge Wasser in einen großen Topf geben. Alle übrigen Zutaten inklusive des Oktopus zufügen und zum Kochen bringen. Etwa 45 Minuten köcheln lassen, dann den Topf vom Herd nehmen. Wichtig: Den Oktopus in der Wasser-Wein-Mischung abkühlen lassen. Bei einer drastischen Temperaturschwankung würde er sich wieder zusammenziehen und die vorangegangene Dreiviertelstunde wäre umsonst gewesen.

Vor dem Braten der Maishühnchenbrüste ihre Flügelknochen freilegen – die dünne Hautschicht, die sich um den Knochen spannt, verbrennt im Ofen leicht. Hierfür das Fleisch um den Knochen rundherum abtrennen und in Richtung der Hühnchenbrust schieben, sodass der Knochen blank liegt. Die Brüste salzen und pfeffern. Öl in einer großen Pfanne erhitzen und die Brüste mit der Knochenseite nach unten anbraten. Butter, Knoblauch und Thymian dazugeben. Vor dem Wenden der Brüste etwas Zucker auf den Pfannenboden geben und die noch nicht angebratene Seite darauf legen. Wenn das Fleisch von beiden Seiten gut Farbe angenommen hat, mit dem Rosé ablöschen.

Die Maishühnchenstücke zusammen mit dem Sud in eine ofenfeste Form geben. Bei 130 bis 150 Grad etwa 15 bis 20 Minuten garen. Das Fleisch herausnehmen und den Bratensud in einen kleinen Topf gießen. Nun bekommt das Hühnchen sein Kleid: Den Oktopus in Scheiben schneiden und das Fleisch damit „ummanteln". Zusammen warm stellen. Den Bratensud zu einer sämigen Sauce einkochen. Tomatenmark zugeben und abschmecken.

Während das Fleisch im Ofen ist, die Beilagen zubereiten: Den Reis mit Wasser im Verhältnis 1 zu 2 1/4 gar kochen. Für den Geschmack kann man neben dem Salz einen Schuss Wein, ein Lorbeerblatt oder etwas Knoblauch in das Wasser geben. Die Paprikastücke einige Minuten in heißem Olivenöl anbraten. Sie dürfen dabei Farbe nehmen. Kurz bevor sie gar sind, Butter, Kräuter und Knoblauch zugeben. Salzen und pfeffern, schließlich das Basilikum darüber streuen.

Zum Servieren die ummantelten Hühnchenbrüste auf vorgewärmte Teller mit dem Paprikagemüse und dem Reis anrichten, mit etwas Sauce übergießen.

Oktopus
700 ml trockener Rosé
1 kleiner Oktopus
1 Bund Suppengrün, grob gewürfelt
1 EL Pfefferkörner
3 Lorbeerblätter
1 Spritzer Weißweinessig

Maishühnchen
4 Supreme Brüste
(Filet mit Flügelknochen und Haut)
Salz und Pfeffer
2 EL Pflanzenöl
2 EL Butter
2–3 Knoblauchzehen, grob gehackt
Thymian
1–2 EL Zucker
200 ml Rosé
1 EL Tomatenmark

Beilagen
250 g roter Reis
Salz
4 rote Spitzpaprika, entstielt, entkernt und grob gewürfelt
3 EL Olivenöl
1 EL Butter
Rosmarin und Thymian
1–2 Knoblauchzehen, geschnitten
Salz und Pfeffer
einige Basilikumblätter, geschnitten

72

Weinbergpfirsich in roter und weißer Marinade

Für 4 Personen

Um seine zarte Haut wird der Pfirsich von vielen beneidet. Die Farbpalette seines Fleischs reicht von Weiß über Rosa bis zu einem kräftigen Rot beim Blutpfirsich. Für dieses Dessert – man könnte es auch „Pfirsich rot-weiß“ oder „Pfirsich-Schranke“ nennen – bietet sich eine Sorte mit hellem Fleisch an, damit der Kontrast zwischen den in verschiedenfarbigen Marinaden eingelegten Obsthälften gut herauskommt. Durch die Gewürze erinnert vor allem die rote Marinade übrigens stark an Glühwein. Ob rot oder weiß – in den Marinaden lassen sich natürlich auch andere Früchte einlegen.

Für die Marinaden die jeweiligen Zutaten in einen Topf geben und aufkochen. Die Hitze reduzieren und die Saucen so lange einkochen, bis sie eine sirupartige Konsistenz angenommen haben.

Die Pfirsiche mit kochendem Wasser begießen, danach mit kaltem Wasser abschrecken. Nach dieser Temperatur-Behandlung lässt sich die Schale leicht abziehen. Die Pfirsiche längs halbieren und den Kern entfernen. Vier Hälften in die weiße, die vier anderen in die rote Marinade legen und über Nacht im Kühlschrank ziehen lassen.

Zum Servieren je eine rote und eine weiße Pfirsichhälfte aufeinanderlegen und mit den beiden Marinaden dekorieren.

Rotweinmarinade
1/2 l Rotwein
200 g Zucker
2–3 Stück Sternanis
1 Zimtstange
5 Nelken
3 Lorbeerblätter
Schale von 1 Orange

Weißweinmarinade
1/2 l Weißwein
200 g Zucker
1 Stück Sternanis
3 Lorbeerblätter
Schale von 1 Zitrone

Außerdem
4 reife Pfirsiche mit hellem Fleisch

Frank Kämmer, Jg. 1968, war viele Jahre als Sommelier in der Spitzengastronomie tätig und erlangte 1996 als erster Weinkellner in Deutschland den höchsten internationalen Titel des Berufsstandes, den sogenannten „Master Sommelier“. Heute ist er hauptberuflich als Consultant in der Wein- und Gastronomiebranche tätig (www.frank-kaemmer.de). Daneben schreibt er Bücher wie „Kleines Lexikon der Wein-Irrtümer“ (2006) und „Superweine aus dem Supermarkt“ (2007).

Geschmack kommt vor Aroma. *Viele Wege führen zum passenden Wein: Die einen schnüffeln, gurgeln und besuchen ein Seminar nach dem anderen. Die anderen klammern sich an schlichte Weisheiten wie Rotwein zu Wild und Weißwein zu Fisch. Was aber heißt überhaupt „passen" – passt nicht das, was schmeckt? Und zu welcher Flasche greift man in der Küche? Etwa zu Rotwein an Wild und Weißwein an Fisch?* **Frank Kämmer** *hilft.*

Sie sind Experte für die Frage, welcher Wein zu welchem Essen passt. Uns interessiert nun, welcher Wein in welches Essen passt. Gelten beim Kochen mit Wein die gleichen Regeln wie beim Trinken von Wein?
Ich würde die Perspektive wieder herumdrehen und fragen, welchen Wein ich zu dem jeweiligen Essen trinken möchte. Und diesen Wein würde ich auch für die Zubereitung verwenden. Man sollte es sich nicht zu kompliziert machen. Kaum jemand, der abends zum Essen Wein trinkt, will ein Gourmet-Erlebnis haben. Man will einfach ein ordentliches Glas Wein. Insofern geht es um die Frage, welche Kombination nicht weh tut. Alles andere ist Kür. Die wichtigste Regel lautet, dass es auf den Geschmack des Weines ankommt und nicht auf sein Aroma.

Was ist der Geschmack, was das Aroma?
Aromen sind die feinen Noten, die wir – auch über den Rachenraum – mit der Nase wahrnehmen. Ein Wein kann zum Beispiel ein Himbeer-, Vanille- oder Pfirsich-Aroma haben. Der Geschmack ist die darunterliegende Basis, die wir mit der Zunge wahrnehmen. Wir kennen eigentlich nur fünf verschiedene Geschmacksrichtungen: süß, salzig, sauer, bitter und umami. Umami bezeichnet unser Empfinden für Eiweißverbindungen. Das ist wissenschaftlich seit 100 Jahren erwiesen, dennoch gibt es kein deutsches oder europäisches Wort dafür, sondern nur den japanischen Begriff.

Und die Geschmacksrichtung des Essens gibt vor, welchen Geschmack der Wein haben sollte?
Genau. Auch viele Sommeliers verwechseln Geschmack mit Aroma. Es bringt zum Beispiel überhaupt nichts, wenn ich zu Vanilleeis mit Himbeeren als Dessert einen trockenen Rotwein mit einem Himbeeraroma einschenke. Das klingt vielleicht gut, weil die Aromen zueinander passen. Es schmeckt aber fürchterlich, weil der Wein einfach nicht süß genug ist und damit die Basis fehlt.

„Der Wein muss mindestens genauso süß sein wie das Essen."

Inwiefern?
Wenn man etwas Süßes isst und einen trockenen Wein dazu trinkt, wird der Wein sauer und bitter schmecken – ganz gleich, wie fruchtig sein Aroma ist. Das kennt man vom Kaffee: Wenn man zu einem gesüßten Kaffee einen Keks isst, meint man, man hätte noch gar keinen Zucker in den Kaffee getan. Der Keks lässt den Kaffee bitterer schmecken. Grundsätzlich darf das Essen nie süßer sein als der Wein. Oder umgekehrt: Der Wein muss mindestens genauso süß sein wie das Essen. Zu einem Dessert passen also süße Weine.

Ist das nicht auch eine Frage des persönlichen Geschmacks?
Nein, das ist ja das Spannende. Denn das, was schmeckt, ist nicht dem Zufall überlassen. Da sind physiologische Wirkungen am Werk, die bei jedem Menschen gleich sind. Es gibt universale Wechselwirkungen zwischen Wein und Speise. So überhöht die Zunge nach dem Genuss von Süßem die Wahrnehmung von Säure extrem. Man kann es natürlich klasse finden, wenn ein Wein plötzlich irrsinnig sauer schmeckt. Aber letztlich streben wir eine Harmonie zwischen Wein und Speise an.

Was ist neben der Süße noch wichtig?
Die Säure. Wenn man ein säurebetontes Essen hat, sollte man dazu ebenfalls einen säurebetonten Wein trinken. Säure balanciert sich genauso aus wie Süße. Darüber wurde schon viel Unsinn geschrieben. Zum Beispiel: Wenn Sie ein säuerliches Gericht wie Sauerbraten essen, sollen Sie auf keinen Fall noch einen säurebetonten Wein dazu trinken. Das Gegenteil ist richtig. Man muss nur mal darauf achten, was die Leute intuitiv tun. Ich habe noch nie jemand erlebt, der sich zum Sauerbraten oder zum Wurstsalat einen dicken Chardonnay bestellt. Die bestellen sich alle einen sauren Riesling, weil sich die Säure des Essens und des Weins ausgleicht.

Süße zu Süße, Säure zu Säure. Gilt das auch für die anderen Geschmacksrichtungen?
Nein, da muss man aufpassen. Bitterkeit pendelt sich zum Beispiel nicht gegenseitig aus, Bitterstoffe summieren sich. Wenn Sie also etwas Bitteres im Essen haben, sollten Sie keinen Wein mit viel Gerbsäure anbieten. Stellen sie sich zum Spargel einen Wein mit viel Gerbsäure vor – das schmeckt nicht. Zum Spargel passt ein weicherer Wein, der wenig Säure und mehr Fett hat, wie ein Chardonnay oder ein Müller-Thurgau.

Was trinkt man zu scharfem Essen?
Schärfe ist eigentlich kein Geschmack, sondern ein chemischer Prozess auf der Zunge, der meldet „Hier brennt's" und „es muss gelöscht werden". Und wie löscht man scharfes Essen am besten? Durch Süße im Wein. Süße, fruchtige Weine wie der Gewürztraminer passen deshalb ganz herrlich zur asiatischen Küche. Auf keinen Fall löscht man durch einen hohen Alkoholgehalt, der verstärkt die Schärfe noch.

Und wie ist es bei umami?
Das ist ein ganz heikles Thema. Umami heißt wörtlich übersetzt „wohlschmeckend". Nur nehmen wir umami nicht als eigene Geschmacksnuance wahr, sondern nur indirekt als lecker, würzig oder fleischig. Eine Disharmonie von Wein und umami schmecken wir allerdings ganz deutlich. Wenn man zu Jakobsmuscheln, die sehr umamihaltig sind, säuerlichen Rotwein mit viel Gerbsäure trinkt, schmecken die Muscheln metallisch. Das ist die Wechselwirkung mit umami. Das gleiche passiert bei der Kombination von Parmaschinken und Rotwein. Wenn man aber ein paar Tropfen Zitronensaft auf den Schinken träufelt, verschwindet das Metallische, weil man den Säuregehalt des Schinkens durch den Zitronensaft verstärkt.

Heißt: Zum Parmaschinken immer einen säurearmen Rotwein?
Genau. Und was trinken die Spanier gerne zum Serranoschinken? Sherry! Ein extrem alkoholhaltiger und säurearmer Wein.

Ist der Geschmack tatsächlich die einzige Sache, auf die man achten muss?
Es gibt noch ein wichtiges Thema: die Intensität. Man kennt Sprüche wie „kein Geschmack soll Herr oder Diener sein" – alles soll sich ausbalancieren. Logisch, dass man zu einem feinen zarten Essen, etwa zur gekochten Forelle, keinen dicken kalifornischen Chardonnay geben sollte. Zu einem derben Essen passt ein kräftiger Wein, zu einer feinen Speise ein graziler Wein.

Gibt es eigentlich Weine, die zum Kochen ungeeignet sind?
Grundsätzlich sind gerbsäurebetonte Weine problematisch, denn das Tannin verstärkt sich beim Einkochen und das Gericht wird bitter. Man sollte auch keine grazilen Weine wie einen jungen Burgunder verwenden, denn von ihrer Feinheit bleibt beim Kochen nichts mehr übrig. Am besten eignen sich robuste Weine, die eine saftige Frucht haben.

Beim Wein gibt es viele Weisheiten. Zum Beispiel, dass zu Käse Rotwein besser passt als Weißwein. Kann man sich auf solche Regeln verlassen?
Ha, Rotwein und Käse. Völliger Blödsinn. Ich behaupte, dass mindestens 60 Prozent der Käse viel besser zu Weißwein passen als zu Rotwein. Es gibt sogar Käse, die zu Rotwein richtig widerlich schmecken. Wenn Sie Münsterkäse zum Rotwein essen, schmeckt das, als hätten sie einen Kuhstall ausgeschleckt. Auch viele Hartkäse gehen mit Rotwein überhaupt nicht. Viele Weisheiten sind leider keine Wahrheiten, sondern nur Halbwahrheiten, Vorurteile oder schlicht Irrtümer.

Passt nicht auch weißer Süßwein gut zum Käse?
Ja, besonders dann, wenn es ein besonders scharfer oder salziger Käse ist. Auf die Grundregeln des Geschmacks kann man sich eben verlassen.

Jetzt muss man im Geschäft nur noch die Flasche Wein mit dem gewünschten Geschmack finden. Wie macht man das?
Wenn man ohne jedes Grundwissen im Supermarkt vor dem Regal steht, ist es eigentlich zu spät. Man sollte sich ein kleines Vokabular zulegen, um zu wissen, welcher Wein sauer, welcher säurearm und welcher gerbsäurebetont ist. In der Weinhandlung kann man sich beraten lassen. Ich würde allerdings nicht den Weinhändler fragen, welchen Wein er mir zu diesem oder jenem Essen empfiehlt. Man überlegt sich besser vorher, wie Speise und Wein zusammen funktionieren, und fragt dann nach zum Beispiel einem kraftvollen, säurearmen Weißwein. Damit kann der Weinhändler eher etwas anfangen. Hilfreich ist es, wenn man Wein von einem Erzeuger kauft, von dem man schon mal einen guten Wein getrunken hat. Das ist viel wichtiger, als immer Chianti oder Bordeaux zu kaufen. Es gibt guten Chianti und es gibt schlechten Chianti. Aber wenn man bei einem Winzer einen guten Wein gefunden hat, sind seine anderen Weine wahrscheinlich auch gut.

Kann man sich eigentlich mit der Regel weiterhelfen, dass Weine gut mit Speisen harmonieren, die aus der gleichen Region stammen?
Meistens schon. Einen lokalen Käse können Sie gut mit einem lokalen Wein kombinieren. Und für ein Bœuf Bourguignon nimmt man natürlich einen kräftigen Burgunder. Das passt.

Cognac und Brandy

Brüder im Geiste

Beim „gebrannten Wein“ ist es wie beim Schaumwein: Die Franzosen haben ihre Extrawürste. Der Rest der Welt nennt eine Flüssigkeit, die aus Trauben fermentiert, zweifach destilliert und im Fass veredelt wurde, Brandy. In Frankreich hingegen heißt sie im Allgemeinen Eau-de-vie de vin und im Besonderen Armagnac oder Cognac, sofern sie aus den betreffenden Regionen stammt. Der Umkehrschluss: Ein Brandy, der nicht von dort stammt, darf auch nicht so heißen. Hugo Asbach versuchte es trotzdem und vermarktete seinen Uralt einst als „Rüdesheimer Cognac“. Das Cognac-Labeling ist noch immer so erfolgreich, dass nicht Brandy im Allgemeinen, sondern Cognac im Besonderen – neben dicken Autos, Goldkettchen und wackelnden Popos – zum Statussymbol US-amerikanischer Rapper geworden ist. Nichtsdestotrotz ist das andalusische Jerez de la Frontera die traditionsreichste und outputstärkste Brandy-Region. Bei der Veredelung nehmen „Franzosen“ wie Courvoisier, Remy Martin, Hennessy oder Frapin und die weicheren „Spanier“ wie Veterano, Osborne, Carlos Primero oder Cardenal Mendoza unterschiedliche Wege. Während beim Cognac mehrere Brände verschnitten werden und diese „Assemblage“ anschließend bis zu einem halben Jahrhundert in Eichenholzfässern lagert, schwört man beim Brandy de Jerez auf die Solera-Methode. Bei dieser müssen die Destillate durch eine Fasspyramide „wandern“. Jedes Jahr wird der Oxidationsschwund in der untersten Fassreihe durch Brandy aus der darüber liegenden Reihe aufgefüllt, die wiederum aus der dritte Reihe Nachschub erhält – und so weiter. Hier wie da bewirkt die Lagerung im Fass, dass sich die Weinaromen mit denen aus dem Holz vermischen. Und da ein guter Tropfen Weile haben will, sind die ältesten Vertreter die stoffigsten, rundesten und aromareichsten. In der Küche macht der hohe Alkoholgehalt Brandys flambiertauglich. Am besten eignen sie sich aber zum Aromatisieren. Ob cremige Saucen, Pilze, Fleisch, Kuchen, Mousses und Marmeladen – all das ist einen edlen Brandy wert.

Pilzragout auf Quinoa-Talern

Vorspeise für 6 Personen

Viele Tausend Jahre war Quinoa, das noch in den Hochebenen der Anden gedeiht, ein Grundnahrungsmittel der südamerikanischen Bevölkerung. Im 16. Jahrhundert aber stellten die spanischen Eroberer im Rahmen ihrer Kriegsführung den Anbau der „unchristlichen Getreide" Quinoa und Amarant unter Todesstrafe. In der Folge wurden sie von „europäischen" Getreidesorten wie Weizen, Gerste und Hafer verdrängt – vielerorts bis heute. Hierzulande hat das eiweiß- und mineralienreiche „Inkakorn" Quinoa erst in den vergangenen Jahrzehnten seinen Weg in die Naturkost- und Bioläden gefunden. Insofern ist dieses Gericht sowohl antikoloniale Geste als auch Ausdruck globalisierter Märkte. Wichtig: Da die Schalen unangenehme Bitterstoffe enthalten, sollte man Quinoa vorab gründlich mit heißem Wasser waschen. Als stabile Unterlage für das mit Cognac aromatisierte Pilzragout sind die Taler eine feine Vorspeise oder ein unkomplizierter Partyhappen. Noch sättigender wird das Ganze, wenn man die doppelte Menge Quinoa macht und wie im Bild rechts jeweils noch einen Taler obenauf legt – so entsteht Pilzragout im Quinoa-Burger.

Das Quinoa mit heißem Wasser waschen. Dann kommt es mit dem Wasser und etwas Salz in einen Topf. Aufkochen und das Quinoa in 20 Minuten bei reduzierter Hitze auf den Punkt garen. Etwas auskühlen lassen, schließlich die Eier sowie den Thymian zugeben. Mit Salz und grobem Pfeffer würzen. Pflanzenöl in einer Pfanne erhitzen und das Quinoa bei mittlerer Hitze zu Talern ausbacken. Diese auf Küchenpapier abtropfen lassen.

Für das Ragout in einer zweiten Pfanne Butterschmalz erhitzen und die Zwiebel darin anschwitzen. Die Pilze zufügen und bei mittlerer Hitze braten. Knoblauch, Estragon, Petersilie und, wer mag, grüne Pfefferkörner zugeben. Das Ganze mit einem kräftigen Schuss Cognac ablöschen, die Flüssigkeit verdampfen und von den Pilzen aufsaugen lassen. Die Crème fraîche zugeben, mit Salz und Pfeffer abschmecken. Das Pilzragout auf die Taler geben.

Quinoa-Taler
150 g Quinoa
300 ml Wasser
Salz und Pfeffer
2 kleine Eier
2 Thymianzweige, abgezogen
Pflanzenöl

Pilzragout
2 EL Butterschmalz
250 g Pilze (jede gewünschte Sorte, z.B. Semmelstoppelpilze, Egerlinge oder Kräuterseitlinge), in Stücke geschnitten
1 rote Zwiebel und
2 Knoblauchzehen, fein gewürfelt
1 Handvoll Blattpetersilie, entstielt und gehackt
einige Estragonblätter, geschnitten
evtl. 1 EL eingelegte grüne Pfefferkörner
Cognac (mild) zum Ablöschen
200 g Crème fraîche
Salz und Pfeffer

Maronensuppe mit Cognac

Für 4 Personen

Jede Suppe schmeckt mit einem guten Fond besser als mit aufgelösten Brühwürfeln. Daher ist es nie falsch, sich den Luxus zu leisten und einen Fond selbst zuzubereiten, sei es ein Gemüse-, Kalbs-, Rinder-, Fisch- oder wie hier ein Hühnerfond. Beim Kochen wandern die Aromen in die Flüssigkeit, durch das Einkochen erhöht sich die Geschmacksdichte. Außerdem bilden sich Kettenmoleküle, durch die eine mit Fond zubereitete Sauce oder Suppe zähflüssiger wird. Ein guter Fond sorgt also nicht nur für einen besseren Geschmack, sondern auch für eine sämigere Konsistenz. Für den Hühnerfond sollte man auf jeden Fall ein motiviertes, also zu Lebzeiten glückliches Huhn nehmen. Auf einem Suppenhuhn steht zwar Suppe drauf, ist oft aber kein Hühnergeschmack drin. Den Fond kann man in heiß ausgespülte Gläser füllen und im Kühlschrank lagern oder man friert ihn entsprechend portioniert ein. Auch bei den Maronen gibt es neben der hier beschriebenen Variante mit bereits gekochten Maronen einen aufwendigeren Weg: Man verwendet frische Esskastanien, ritzt sie kreuzweise ein, röstet sie bei 200 Grad im Ofen und verbrennt sich beim Schälen die Finger. Es ist wie so oft in der Küche: Schneller oder leckerer – man muss sich entscheiden.

Für den Fond alle Zutaten in einem großen Topf mit so viel kaltem Wasser ansetzen, dass das Huhn bedeckt ist. Kein Salz zugeben. Aufkochen lassen und bei niedriger Temperatur mindestens eine Stunde köcheln lassen. Wenn es zu stark kocht, fliegt das Hühnchen auseinander. Den Fond absieben. Soll dieser noch intensiver sein, lässt man ihn weiter einkochen.

Für die Suppe in einem Topf die Zwiebeln in Butterschmalz auslassen. Den Staudensellerie zugeben und mitdünsten. Nun die Maronen und den Knoblauch zufügen. Nach einigen Minuten mit Cognac und Weißwein ablöschen und mit einem Dreiviertelliter Hühnerfond auffüllen. Die Temperatur reduzieren, die Suppe etwa 20 Minuten köcheln lassen und anschließend pürieren. Ist sie zu fest, noch etwas Fond zugießen. Mit Sahne, Salz, Pfeffer und eventuell einem weiteren Schuss Cognac abschmecken. Vor dem Servieren den Oregano über die Suppe streuen.

Fond
1 Huhn
1 Stange Lauch,
1 Möhre und
2–3 rote Zwiebeln, grob geschnitten
3 Knoblauchzehen
1 Bund Petersilie
(oder nur die Stengel)
10 Wacholderbeeren
5 Lorbeerblätter
1 Bund Thymian
2 Rosmarinzweige

Suppe
2 rote Zwiebeln, gewürfelt
1 EL Butterschmalz
5 Stangen Staudensellerie, in Stücke geschnitten
500 g Maronen, gekocht und geschält
1 Knoblauchzehe, geschnitten
je 1 kräftiger Schuss Cognac
und Weißwein
etwas Sahne
Salz und Pfeffer
Oregano, fein geschnitten

84

Iberico-Filet mit Brandy-Jus auf Süßkartoffeln

Für 4 Personen

Die schwarzen Iberico-Schweine führen Zeit ihres Lebens ein glückliches Dasein: Sie streifen halbwild durch die Eichenwälder der Extremadura und fressen Leckereien wie Gerste, Mais und Eicheln. Nach zehn Monaten ist jedoch Schluss mit lustig, dann naht der Schlachter. Ihr kurzes Jahr der Freiheit hat allerdings kulinarische Folgen: Der luftgetrocknete Jamón Ibérico gilt als bester Schinken der Welt. Doch auch das zarte Filet mit seinem nussigen Geschmack ist eine feine Sache. Da Fleisch vom Iberico-Schwein eine begrenzte Ressource und hierzulande nicht so leicht zu bekommen ist, kann man auch auf das Lendenstück eines guten deutschen Hausschweins zurückgreifen. In jedem Fall fügen sich bei diesem Rezept der Bratensaft des Filets, Kräuter, Butter, Zucker und Brandy zu einer würzigen Sauce, deren süßliche Seite durch die Süßkartoffeln unterstützt wird.

Die Kartoffelwürfel in eine feuerfeste Form geben und salzen. Mit einer Knoblauchzehe und dem Olivenöl vermischen und bei 180 Grad im Ofen 20 Minuten backen, bis sie fast gar sind.

Das Pflanzenöl in einer Pfanne erhitzen, Butter und Zucker darin schmelzen. Rosmarin, Thymian und den restlichen Knoblauch zufügen. Das Filet von allen Seiten anbraten. Die Pfanne darf nicht zu heiß werden, Zucker und Butter sollen nicht verbrennen. Das Fleisch ordentlich salzen und pfeffern. Das Ganze mit einem Schuss Brandy ablöschen. Das Fleisch auf die Süßkartoffeln in der Form legen. Den Ansatz in der Pfanne mit einem zweiten Schuss Brandy ablösen und über das Filet und die Kartoffeln gießen. Das Fleisch bei 150 Grad im Ofen in 10 bis 15 Minuten fertig garen. Innen soll es noch zart rosafarben sein. Aufschneiden und mit den Kartoffeln sowie einem Salat servieren.

Kartoffeln

4 große Süßkartoffeln, geschält und gewürfelt
Salz
3 Knoblauchzehen, geschnitten
2 EL Olivenöl

Filet

2 EL Pflanzenöl
3 EL Butter
2 EL Zucker
Rosmarin- und Thymianzweige, abgezogen
700 g Filet vom Iberico-Schwein (aus dem Rücken)
Salz und Pfeffer
Brandy

Wildterrine mit Trockenobst auf pikanten Weintrauben

Vorspeise für 8 Personen

Eine Terrine ist eine nur mit Speck ummantelte Pastete. Man könnte auch sagen: eine Pastete ohne Teig. In jedem Fall ist es eine kalte Vorspeise. Ihren Namen hat sie von dem Gefäß, in dem die herzhafte Farce (hier eine Mischung aus Wildfleisch und Entenleber) im Wasserbad gart – eine Terrine eben. Diese mag oval, rund oder eckig sein, immer aber hat sie einen Deckel. Wessen Küche damit nicht ausgestattet ist, kann auf eine schlichte Kastenbackform zurückgreifen. Ein anderes Utensil lässt sich leider nicht ersetzen: Um aus dem Fleisch eine Farce zu machen, muss man es durch einen Fleischwolf drehen. Für die pikanten Weintrauben hingegen braucht man lediglich eine Pfanne – und in wenigen Sekunden hat man eine formidable Obstbeilage gezaubert.

Lorbeer, Wacholder, Orangenscheiben, Knoblauchzehen, Trockenobst, die Hälfte der Zwiebelwürfel und den Cognac zu einer Marinade mischen. Diese in das Wildfleisch einmassieren und über Nacht im Kühlschrank ziehen lassen. Am nächsten Tag das Fleisch aus der Marinade nehmen und diese durch ein Sieb passieren – sie wird noch gebraucht. Das Trockenobst herauspicken und grob würfeln. Das Fleisch trocken tupfen und mit den restlichen Zwiebelwürfeln in Butterschmalz kräftig anbraten, salzen und pfeffern. Das Fleisch mit der Leber und dem gewürfelten Speck vermischen. Alles zusammen zweimal durch den „Wolf" (feinste Scheibe) zu einer Farce drehen.

Den Bratensatz in der Pfanne mit der Marinade ablöschen, das Ganze auf- und etwas einkochen, schließlich erkalten lassen. In einer Schüssel die Eier mit dem reduzierten Sud und dem durchgelassenen Fleisch gut vermischen. Eine Terrine (Volumen etwa 1,5 Liter) mit den Speckscheiben auskleiden, diese dabei so über den Rand stehen lassen, dass man damit die Farce abdecken kann. Von eben dieser die Hälfte in die Form geben. Das Trockenobst darauf verteilen. Darauf achten, dass es in der Mitte liegt, da die Terrine beim Schneiden ansonsten nicht zusammenhält. Die restliche Farce zugeben. Die überstehenden Speckscheiben so darüber klappen, dass diese vollständig ummantelt ist. Die Form mit Deckel oder Alufolie schließen und im Wasserbad bei 160 Grad zwei Stunden garen. Die Terrine abkühlen lassen, dann darf sie eine letzte Nacht im Kühlschrank verbringen.

Die Beilage erst kurz vor dem Servieren zubereiten. Hierzu die Butter in einer beschichteten Pfanne schmelzen und die Trauben darin schwenken. Mit grobem, grünem Pfeffer bestreuen, den Thymian zufügen, leicht salzen und alles gut „durchschwenken". Die noch warmen Trauben auf Tellern verteilen und je eine fingerdicke Scheibe von der Terrine darauf anrichten.

Marinade
3 Lorbeerblätter
7 Wacholderbeeren
1 Orange, in Scheiben geschnitten
2 Knoblauchzehen, geschnitten
100 g Trockenobst (Mischung aus Pflaumen, Äpfeln, Aprikosen u.ä.)
1 rote Zwiebel, fein gewürfelt
100 ml Cognac

Füllung
500 g mageres Wildfleisch (z.B. aus Keule oder Rücken von Reh, Hirsch oder Wildschwein), grob gewürfelt
1–2 EL Butterschmalz
Salz und Pfeffer
200 g Speck, gewürfelt
300 g Entenleber, grob gewürfelt
2 Eier
250 g grüner Speck, in dünne Scheiben geschnitten

Trauben
1–2 EL Butter
400 g helle und rote kernlose Weintrauben
grober, grüner Pfeffer
einige Thymianzweige, abgezogen
1 Prise Salz

Sachertörtchen mit Minz-Karamell

Für 4–6 Personen

Die Sachertorte hätte den jungen Franz Sacher, der einst für den Fürsten Metternich kochte, Kopf und Kragen kosten können. Der Fürst war nämlich heiß auf Süßes und schrie eines schönen Tages im Jahre 1832 nach einem neuen Dessert. Franzl gab, was er konnte, und kreierte die heute weltberühmte Sachertorte aus Schokoladenbiskuit mit einer Füllung aus Marillenmarmelade und dem bittersüßen Schokoladenüberzug. Der Fürst war begeistert, die „wienerischste" aller Torten geboren und der Franz ein gemachter Mann. Die Törtchen in diesem Rezept entsprechen nicht ganz dem Original – aber getränkt in Pineau des Charentes und gefüllt mit einer von Brandy aromatisierten Marmelade kommen sie ebenfalls groß raus. Küss die Hand und aussi.

Zunächst geht es ans Biskuit. Die Schokolade im Wasserbad vorsichtig schmelzen. Die Eier trennen. Das Eiweiß mit dem Zucker steif und das Eigelb mit dem Puderzucker sowie der Butter schaumig schlagen. Nun die leicht abgekühlte Schokolade unter die Eigelbmasse rühren, anschließend den Eischnee unterheben, das Mehl darüber sieben und ebenfalls unterheben. Den Teig in eine mit Pergamentpackpapier ausgelegte Back- oder Auflaufform geben. Wichtig: Der Teig geht etwas auf. Da die Törtchen weder zu flach noch zu hoch sein sollen, darf die Form weder zu groß noch zu klein sein. Tests haben ergeben: Ihre Idealmaße sind 20 auf 12 Zentimeter. Den Teig bei 160 Grad etwa eine Stunde backen.

Für den Überzug die Sahne in einem Topf erhitzen (nicht kochen). Die Butter und die Schokolade zugeben und bei geringer Hitze unter Rühren schmelzen. Mit dem Wasser verdünnen. In einem kleinen Topf Puderzucker und Pineau des Charentes mischen und auf ein Drittel einkochen. Schließlich die Aprikosenmarmelade mit einem Schuss Brandy abrunden. Nun ist alles vorbereitet und die Törtchen können gebaut werden.

Das Biskuit in Quadrate mit einer Kantenlänge von etwa vier Zentimetern schneiden, anschließend jedes Stück zweimal horizontal durchschneiden. Die beiden oberen Lagen kurz in die Pineau-Mischung „stipsen". Auf das untere Stück und den „ersten Stock" jeweils etwas Marmelade geben, den ersten Stock auf das Erdgeschoss und den zweiten Stock auf den ersten setzen. Schließlich die Törtchen mithilfe eines Teelöffels und eines Pinsels mit der flüssigen Schokoladen-Sahne-Mischung überziehen. Die Törtchen mindestens drei Stunden kalt stellen.

Für das Minz-Karamell den Zucker in einem Topf schmelzen, bis er hellbraun ist. Vom Herd nehmen und kurz abkühlen lassen. Die Minze an den noch flüssigen Zucker geben, einmal unterrühren und das Karamell dann mit einem Spachtel in Windeseile möglichst dünn auf Pergamentpackpapier streichen. Nach dem Aushärten die Minz-Karamell-Stücke vorsichtig vom Papier lösen. Zum Servieren dekorativ auf die Törtchen legen oder spießen.

Biskuit
100 g Zartbitter-Schokolade, in Stücke gebrochen
4 kleine Eier
125 g Zucker
1 EL Puderzucker
100 g Butter
100 g Mehl

Überzug und Füllung
100 ml Schlagsahne
1 TL Butter
80 g Zartbitter-Schokolade, gehackt
1 Schluck Wasser
3 EL Puderzucker
150 ml Pineau des Charentes
100 g Aprikosenmarmelade
2 cl Brandy

Minz-Karamell
200 g Zucker
frische Minzblätter, in Streifen geschnitten

Joseph Favre, 1849 im Schweizer Wallis geboren, machte zunächst Karriere als Chefkoch. Später gründete er die Académie Culinaire de France, die noch heute existiert. Aus seinen zahlreichen Artikeln stellte er 1894 sein „Dictionnaire universel de cuisine pratique" zusammen – ein 1500 Seiten starkes Fachlexikon der Kochkunst, das die Pariser Éditions Omnibus 2006 neu herausgebracht hat.

*Übersetzung der Auszüge aus dem „Dictionnaire universel de cuisine pratique": Nina Schellhase und Julia Wichmann.

Du denkst, was du trinkst. *Ein systematisches Wissen über Nahrungsmittel, eine breitere Kenntnis der feinen Tischkultur, hygienischere Verhältnisse, gesünderes Essen für die Massen und generell mehr demokratischen Geist in der Küche –* **Joseph Favre** *verband mit seinem kulinarischen Lexikon große Ziele. Immer wieder geht es in seiner Küchenbibel mit mehr als 4500 Vorspeisen- und 6000 Hauptspeisenrezepten auch um Alkohol. Wie er schon damals eingesetzt wurde? Fragen von heute und Antworten aus einem Buch von 1894.* *

Wie kamen Sie darauf, das erste kulinarische Wörterbuch zu schreiben?
Die Pharmazie hat ihr Regelwerk, die Linguistik, die Politik, die Biographie und die Geographie haben ihre Wörterbücher. Auch die Künste, die Wissenschaften und die Medizin haben die ihren. Die Kochkunst und die Ernährungswissenschaften hingegen haben bis zum jetzigen Zeitpunkt ihr Wörterbuch noch nicht geschrieben. Will man aber erfahren, wo eine Nation in ihrer Entwicklung steht, muss man lediglich ihre Küche betrachten: die Utensilien, die Art wie sie kocht und isst. Der Mensch ist unter allen Tieren das einzige, das seine Speisen kocht. Der Mensch ist das kochende Tier. Und die Ernährung ist für den Menschen die wichtigste Medizin.

Für wen habe Sie Ihr Lexikon denn verfasst? Ist Ihr Buch allein für Meisterköche?
Man kann nicht für diejenigen schreiben, die nicht lesen wollen. Um ein weiser Koch zu werden, reicht es nicht, dieses Buch nur zu erwerben – man wird es wohl lesen müssen, lesen, erneut lesen, gar studieren. Und man muss das Wissen, das es in sich birgt, in die Praxis umsetzen. Aber auch der Romancier, der Journalist, der Dichter sowie der Autor einer Enzyklopädie werden in diesem Buch sämtliche kulinarischen Begriffe finden – Begriffe der Tischkultur, der Süßspeisen, der Feinbäckerei, der Eisherstellung, der Hauswirtschaft, der Schnapsbrennerei und nicht zuletzt, um diese Reihe zu vervollständigen, Begriffe aller Wissenschaften, die mit der kulinarischen Welt in Verbindung stehen.

Verbirgt sich in dem Buch denn auch Wissen, das für den Alltag einer einfachen Familie taugt?
Sicherlich. Mütter oder Hausfrauen können mit ihm von jetzt an die wichtigen Fragen der Hygiene erlernen und ihren Kindern eine altersgerechte Ernährung zuteil werden lassen. Sie können ihre Ernährung schrittweise umstellen, indem sie die besten Lebensmittel auswählen und ihre Art zu kochen und zu würzen verändern. Die Ernährung ist die Basis unseres Lebens und zu wichtig, als dass die junge Frau nicht frühzeitig in diese Hauptaufgabe der Lebenskunst eingeweiht werden sollte.

„Die Ernährung ist für den Menschen die wichtigste Medizin.“

Warum sprechen Sie immer nur von der Frau und nicht vom Mann?
Die Frau ist die Chefin der Familie.

Brillat-Savarin hat den Spruch geprägt: Sag mir, was du isst, und ich sage dir, wer du bist. Stimmen Sie dem zu?
Das beleuchtet nur eine Seite. Ich möchte hinzufügen: „Sag mir, was du trinkst, und ich sage dir, was du denkst.“ Denn der Getränkekonsum hat einen unmittelbaren Einfluss auf die Organe des Denkens.

Da sind wir gleich beim richtigen Stichwort. Wir möchten mit Ihnen gerne über Alkohol sprechen. Dieser spielt auch in Ihrem Buch eine wichtige Rolle – von A wie Absinth bis Z wie Zython, einem alten Wort für Bier.
Alkohol gewinnt man aus allen Substanzen, die Zucker enthalten und die fermentierbar sind. Der bekannteste Alkohol stammt aus der Traube. Der Alkohol, den der einfache Mann aus dem Volke trinkt – unter dem Vorwand, damit Bakterien und Keime abzutöten oder aber, um damit seine Lebensgeister zu wecken –, wird aus der Kartoffel gewonnen, aus der Rübe, aus Mais, Getreide, aus Eicheln, Maronen, Topinambur oder aus Reis.

Welches alkoholhaltige Getränk war zu Ihrer Zeit denn am wichtigsten in der Küche?
Viele Gerichte kommen ohne Wein nicht aus. Zu Fleisch-, insbesondere zu Schmorgerichten, gehört Weiß- oder Rotwein sehr häufig dazu. Bœuf Bourguignon ist ein Gericht aus dem Burgund, bei dem Rindfleisch vornehmlich im Rotwein gekocht wird.

Wie sieht es beim Thema Fisch aus: Muss auch der im Wein schwimmen?
Das ist kein allgemeingültiges Gesetz, aber bei Fisch kommen mir in der Tat eine Reihe von Rezepten mit Wein in den Sinn. Die Dorade mit Wein zum Beispiel, aber auch die Bouillabaisse, die Fischsuppe, die man in Frankreich so schätzt. Während das klassische Suppenrezept noch ohne Wein auskommt, gehört zur aktuellen Variante der Suppe gewiss ein Glas Weißwein.

Bleibt es bei der Kombination Fisch und Wein?
Nicht immer. Wenn ich die Grenze mal hinter mir lasse, kommt mir ein Rezept aus Preußen in den Sinn. Dort wird Karpfen in Bier zubereitet. Die Sache der Franzosen ist das nicht.

Aber die Franzosen haben doch nicht nur mit Wein gekocht?
Mon dieu, natürlich nicht. In der Normandie beispielsweise ist der Cidre, ein Wein aus Äpfeln, ein wichtiger Begleiter in der Küche. Zum Beispiel beim „Poulet sauté à la normande".

Bei den Süßspeisen spielen sicherlich Spirituosen eine Rolle?
Hier kommen eine ganze Reihe Alkoholsorten in die Töpfe: Desserts ohne Rum – undenkbar. Aber auch Madeira, Cognac oder Kirschwasser kommen zahlreich vor. Für den Rum fällt mir sogleich der Savarin ein – ein Hefekuchen, der zum krönenden Abschluss mit Rum getränkt wird. Auch ein Pudding ohne Alkohol wäre völlig fantasielos. Man denke nur an Kabinettspudding, der mit Kirschwasser oder Cognac zubereitet wird, oder Pudding à la Marechale, in dem Rum verarbeitet wird.

Was halten Sie von Gin?
Hier möchte ich mit einem Bonmot antworten: Lassen wir England den Nebel und das Bier. Lassen wir ihm seinen Spleen, Gin zu trinken.

Das Spiel mit dem Feuer ist in der modernen Küche beliebt. Hat man zu Ihrer Zeit auch schon flambiert?
Flambieren bedeutet etwas anzünden, in Brand setzen. Der Geist des Weins dient als Brennstoff für das Flambieren. Allein beim Thema Omelette fallen mir mehrere süße und flambierte Variationen ein – zum Beispiel mit Rum oder Cognac.

Haben Sie denn ein Lieblingsrezept in Ihrem Buch?
Mein Poulet à la Favre liebe ich sehr. Das Rezept lautet wie folgt: Ein junges Hühnchen oder einen Kapaun in vier Teile schneiden, das Brustbein und die Knochen der Schenkel entfernen, die Lunge aus dem Rumpf lösen, in Würfel schneiden und alles leicht würzen. Eine Schmorpfanne oder eine Kasserolle mit einer vier Zentimeter dicken Butterschicht befüllen …

… bitte? Eine vier Zentimeter dicke Butterschicht?
Ganz recht. Den Boden mit weißen, in dünne Scheiben geschnittenen Zwiebeln auslegen, wozu man etwa zwanzig zerstoßene weiße Pfefferkörner, eine halbe Knoblauchzehe und einen Zweig Thymian gibt. Auf diesem Bett die Hühnchenstücke anrichten, die Kasserolle bedecken und in einem sehr heißen Ofen schmoren. Von Zeit zu Zeit, und in dem Maße wie die Flüssigkeit reduziert, mit vollfetter Sahne aller erster Güte begießen – bis hin zu einem halben Liter …

… das auch noch?
Ja. Ebenso den Jus aus frischen Champignons hinzugeben und reduzieren lassen, bis das Hühnchen perfekt gegart ist, welches man dann aus dem Ofen nimmt und in einer Kasserolle warm hält. Kurz vor dem Servieren wird die Sauce mit einem halben Glas Madeira vollendet. Das Hühnchen auf einem runden, vorgewärmten Teller anrichten, garnieren und an der Sauce servieren. Bon appétit.

Gin

Raue Schale, anschmiegsamer Kerl

Er adelt den Martini, trumpft in vielen anderen Cocktails auf und verfeinert in der Küche fruchtige Dressings, Saucen und Desserts. Das klingt edel. Historisch gesehen ist Gin allerdings eher der Halunke unter den Spirituosen. Kreiert wurde der mit Kräutern und vor allem mit Wacholderbeeren aromatisierte Getreideschnaps bereits Mitte des 15. Jahrhunderts von dem holländischen Professor Franciscus de la Boe. Zum Einsatz kam die „Essence de Geniève“ zunächst als medizinischer Trank. Matrosen waren denn auch die ersten, die seine hohe Cocktailtauglichkeit erkannten: Um die Säure des Zitronensafts, einem probaten Mittel gegen Skorbut, zu mildern, mischten sie ihn damit und legten damit die Grundlagen für heute so berühmte Drinks wie Gin Tonic oder Gin Fizz. Über den Seeweg gelangte die Spirituose auch von Holland nach England, wo sie als Gin eine fragwürdige Karriere machte und in die Rolle der Elendsdroge schlüpfte. Mit der schnell produzierten und trinkfertigen „Liquid Madness“ spülten Arbeiter, Soldaten und Arme ihre Sorgen herunter. Bald benebelte sich auch die Damenwelt gleich welcher Klasse damit. Proletarierinnen mischten ihn mit Bier und tauften ihn Dog’s Nose, die Ladys der Upper Class kippten ihn mit Minzlikör oder Wermut. Ein Gin kommt eben selten allein, so war es und so ist es immer noch. Dabei ist die Wacholderbeere keineswegs die einzige botanische Komponente, die ihm sein eigenwilliges Profil verleiht. Koriander, Ingwer, Orangenschalen, Muskat, Angelikawurzel oder Lakritze lassen je nach Zusammensetzung und Hersteller einen rauen, milden, grünen oder fruchtigen Gin entstehen. Ob die Zutaten schon mit der Kornmaische vermischt und destilliert werden oder ob die Alkoholdämpfe über sie geleitet werden – die Kräuter werden schwach und geben sich dem Gin mit all ihren Aromen hin. Halunken haben eben ihre Anziehungskraft.

94

Paprikasuppe mit Zitronen-Gin-Mousse und Basilikumöl

Für 4 Personen

Für diese Suppe kauft man am besten rote Spitzpaprika. Bei dem Kräuteröl kann man variieren. So wie hier das Basilikumöl zubereitet wird, lässt sich zum Beispiel auch Koriander- oder Zitronenthymianöl herstellen. Die Suppe selbst ist alkoholfrei, der Gin aromatisiert lediglich die Mousse – und gibt so auf Umwegen der Suppe einen zusätzlichen Kick.

Für die Mousse zunächst Gelatine in kaltem Wasser einweichen. Gut ausdrücken und beiseite legen. Von der Zitrone Zesten reißen (oder mit einem Sparschäler möglichst dünne Scheiben hobeln und klein schneiden). Die Zitrone auspressen. Den Zucker in einer Pfanne vorsichtig schmelzen. Die Zitronenzesten zufügen. Die Pfanne so lange auf dem Herd lassen, bis der Zucker leicht Farbe genommen hat. Den Zitronensaft dazugeben und so lange einkochen, bis ein Sirup entstanden ist. Die Zitronenschale sollte weich werden, aber noch Biss haben. Die Crème fraîche mit der Sahne verrühren, mit Salz, Pfeffer und Gin abschmecken. Das Ei trennen – das Eiweiß mit einer Prise Zucker und einer Prise Salz cremig schlagen, das Eigelb und die Zitronenmasse in die Crème fraîche geben. Nun noch die Gelatine mit etwas Wasser in einem Topf vorsichtig schmelzen (nicht kochen lassen) und in die Crememasse einrühren. Schließlich den Eischnee unterheben. Die Mousse mindestens eineinhalb Stunden kalt stellen.

Die Paprika halbieren, entkernen und mit einem ordentlichen Schuss Olivenöl sowie Salz vermischen. Auf ein Blech legen und im Ofen bei 180 Grad etwa 20 Minuten backen. Die weichen Paprika herausnehmen und enthäuten. Mit Chili, Tomaten, Paprikapulver sowie Ajwar in einen Topf geben und kurz köcheln lassen, dann pürieren. Mit so viel Fond auffüllen, dass die Suppe die gewünschte Konsistenz erhält. Noch einmal kurz aufkochen und abschmecken.

Für das Basilikumöl alle Zutaten mit dem Pürierstab zu einer emulgierten Masse verarbeiten. Die Suppe in Teller gießen, je einen Löffel von der Mousse dazugeben und mit dem Basilikumöl beträufeln.

Mousse
1 Blatt Gelatine
1 Zitrone
1 EL Zucker
125 g Crème fraîche (so fett wie möglich)
50 ml Sahne
Salz und Pfeffer
3 cl würziger Gin (z.B. Gordon's)
1 Ei

Suppe
12 rote Spitzpaprika
Olivenöl
1 EL Meersalz
3 getrocknete Tomaten, fein geschnitten
1 rote Chili, fein geschnitten
1 Msp. Paprikapulver
1 EL Ajwar
etwa 750 ml Gemüsebrühe oder Hühnerfond (siehe Seite 83)

Basilikumöl
1 Handvoll Basilikumblätter
100 ml Olivenöl
1 Spritzer Gin
Salz und Pfeffer

Garnelensalat mit Grüntee-Gin-Dressing

Vorspeise für 4 Personen

Bei Garnelen, Crevetten, Prawns, Gambas und Shrimps kommt es häufig zu Namensverwechslungen. Für den Salat sollte man lang gewachsene Krustentiere verwenden – also große Garnelen oder Crevetten. Zur Vorbereitung werden sie gewaschen und von Beinen und Rückenpanzer befreit. Kopf und Schwanz bleiben nicht zuletzt wegen der Optik dran. Der Clou bei diesem Salat ist das ungewöhnliche Dressing mit Gin und „Matcha". Matcha ist ein zu feinstem Pulver gemahlener Grüntee, das in der japanischen Teezeremonie verwendet wird, aber auch Schokolade und Eis verfeinert. Das Pulver, das man unschwer an seiner grellgrünen Farbe erkennt, gibt es in gut sortierten Tee- und Asialäden.

Los geht es mit dem Dressing: Alle Zutaten in ein schmales Gefäß geben und mit einem Schneebesen oder einem Pürierstab zu einem glatten Dressing schlagen. Abschmecken.

Nun die Garnelen schälen, dabei den Kopf und das letzte Rückenglied inklusive Schwanz dranlassen. Das Sonnenblumenöl in einer Pfanne erhitzen. Die Garnelen darin von beiden Seiten braten. Knoblauch und Koriander dazugeben und alles mit einem ordentlichen Spritzer Sesamöl und Sojasauce sowie etwas Zitronensaft aromatisieren.

Für die Garnitur das Erdnussöl in einem kleinen Topf erhitzen und die Zitronengrasstreifen kurz darin frittieren. Herausnehmen und auf Küchenpapier abtropfen lassen.

Den fein geschnittenen Chinakohl auf die Teller geben. Die Garnelen auf den Salat betten, das Dressing darüber gießen und mit dem frittierten Zitronengras krönen.

Dressing
4 EL Erdnussöl
1 TL Matcha (gestrichen)
1 Messerspitze Senf (extra scharf)
1 EL Reisessig
1 TL Orangenmarmelade
1 Prise Salz

Salat
12 frische Garnelen, ungeschält
3 EL Sonnenblumenöl
2 Knoblauchzehen, fein geschnitten
1 EL Koriander, geschnitten
1 Spritzer Sesamöl
1 Spritzer Sojasauce
1 Spritzer Zitronensaft
1/2 Chinakohl, in sehr schmale Streifen geschnitten (Chiffonade)

Garnitur
Erdnussöl zum Frittieren
1 Stengel Zitronengras, gedrittelt und in sehr feine Streifen geschnitten

Heilbutt in der Papierhülle mit Gin-Gurken und Polenta-Soufflé

Für 4 Personen

Der Heilbutt ist der größte aller Plattfische. Angler nennen ihn wegen seiner majestätischen Gestalt, mehr aber wohl wegen ihrer raren Fangerfolge, den „König des Nordmeeres". Das Besondere bei diesem Rezept besteht darin, dass der Fisch in Backpapier eingepackt wird und sanft im eigenen Saft samt etwas Weißwein gart. Bei der Beilage gilt: Soufflés sind Sensibelchen. Fühlen sie sich schlecht behandelt, gehen sie nicht auf, kleben im Förmchen oder sacken bei allzu schnellen Temperaturveränderungen wieder in sich zusammen. An guten Tagen aber sind sie wunderbar luftig und leicht. Am besten macht man sich zunächst an diese Aufgabe. Und während sich die Soufflés im Ofen gen Himmel strecken, gesellt sich der Fisch hinzu. Die Gurken werden à la Minute zubereitet.

Für die Soufflés zunächst das Eiweiß mit einer Prise Salz und einer Prise Zucker steif schlagen. Als nächstes die Milch, die Sahne, das Rosmarin und den Knoblauch in einen Topf geben und langsam erhitzen. Vom Herd nehmen und einige Zeit ziehen lassen. Die festen Teile herausfischen und die aromatisierte Milch-Sahne-Mischung erneut erhitzen. Kurz vor dem Sieden die Polenta unter ständigem Rühren einrieseln lassen. Aufkochen, dann vom Herd nehmen. Die Polenta unter stetigem Rühren einige Minuten quellen lassen. Die Masse soll „anziehen" und cremig-breiig werden, sich aber noch problemlos rühren lassen. Eventuell noch etwas Milch nachgießen. Salz, Tomatenmark und Eigelb einrühren und abschmecken. Nun den Eischnee unter den leicht abgekühlten Brei heben. Vier feuerfeste Förmchen ausbuttern und mit der Soufflé-Masse zu drei Viertel füllen. Sie kommen in den auf 200 Grad vorgeheizten Backofen. Nach zehn Minuten die Temperatur auf 160 Grad reduzieren und die Soufflés etwa weitere zehn Minuten backen, bis sie nicht nur aufgegangen, sondern auch golden gebräunt sind. In dieser zweiten Backphase kommt der Fisch dazu.

Zunächst aber wird er eingepackt. Hierfür Backpapier in vier etwa 15 mal 30 cm große Rechtecke schneiden. Auf jedes Stück ein Fischfilet legen, diese salzen und pfeffern. Auf jedes Filet einen Zweig Oregano, eine Orangenscheibe sowie eine Butterflocke legen und jeweils mit einem kleinen Schluck Wein begießen. Die Papierränder nach oben knicken und so zu einem geschlossenen Päckchen einschlagen, dass keine Flüssigkeit herauslaufen kann. Den Fisch zügig zu den Soufflés in den Ofen legen und bei 160 Grad acht bis zehn Minuten garen.

In dieser Zeit das Gurkenfleisch am besten mit einem Zestenreißer in sehr feine Streifen schneiden. Die Butter in einer Pfanne schmelzen, Thymian und Gin dazugeben und die Gurkenstreifen kurz darin schwenken. Mit Salz, Pfeffer und Zucker abschmecken.

Die Soufflés aus dem Ofen nehmen und ohne Zeitverlust mit dem Fisch und den Gurken servieren.

Soufflé
3 Eier, getrennt
1 Prise Salz und Zucker
250 ml Milch
200 ml Sahne
1 Rosmarinzweig
2 Knoblauchzehen, geviertelt
6 EL Polenta (Maisgrieß)
1 EL mildes Tomatenmark
1 gestrichenen TL Salz
Butter für die Förmchen

Fisch
4 Heilbuttfilets (à 120 g), ohne Haut
Salz und Pfeffer
4 Oreganozweige
1 Orange, in Scheiben geschnitten
30 g Butter
1/8 l Weißwein (trocken und mit wenig Säure)

Gin-Gurken
1 1/2 Gurken, längs halbiert und entkernt
1 EL Butter
Zitronenthymian (junger Thymian)
2 cl milder Gin (z.B. Hendrick's)
Salz, Pfeffer und Zucker

99

Ananas-Ingwer-Granité

Für 6 Personen

Einfacher geht es nicht. Alle Zutaten in der Küchenmaschine vermischen, die Masse in die Gefriertruhe stellen, fertig. Dieses Granité funktioniert als Zwischengang eines Menüs ebenso wie als erfrischendes Dessert. Der Gin macht hier doppelt Sinn: Er rundet das Granité geschmacklich ab und verhindert gleichzeitig, dass beim Gefrieren größere Kristalle entstehen. Das Aroma der eisgekühlten Speise ist vielfältig: Mal funkelt sie scharf, mal süß und fruchtig auf der Zunge, mal bahnt sich der Wacholder des Gin seinen Weg, mal lugt sein Alkohol hervor.

Die Ananas schälen, den Strunk entfernen und das Fruchtfleisch in Würfel schneiden. Mit dem Zucker, dem Ingwer, dem Gin und dem Salz in die Küchenmaschine geben und zu einer homogenen Masse pürieren. Diese in eine flache Auflaufform gießen und gefrieren lassen. Das dauert etwa zwei Stunden. Eine halbe Stunde vor dem Servieren die Dessertschalen oder -gläser in den Gefrierschrank stellen. Zum Servieren das Granité mit einem Löffel abschaben und in die angefrorenen Schalen bzw. Gläser geben. Mit den Chilistückchen garnieren.

1 Ananas, reif und süß
2 EL Zucker
1 EL Gari (eingelegte Ingwerscheiben)
8 cl Gin
1 Prise Salz
1 rote Chili, sehr fein geschnitten

Yoshiko Ueno-Müller wurde 1964 in Tokio geboren und lebt inzwischen seit mehr als 15 Jahren im Rhein-Main-Gebiet. Hier betreibt sie Ueno-Gourmet, einen Handel für Sake und japanische Esskultur (www.japan-sake.de). Sie ist aktives Mitglied von Slow-Food Deutschland, arbeitet als Weinconsultant und berät europäische Spitzenköche zum Thema Sake.

Die japanische Quelle. *In der europäischen Küche ist die Verwendung von Alkohol selbstverständlich. Aber wie ist das anderswo – zum Beispiel in Japan? Bei einem Streifzug durch die dortige Trink- und Esskultur erklärt* **Yoshiko Ueno-Müller,** *warum Sake in der japanischen Küche eine herausragende Bedeutung hat, wieso die Bezeichnung Reiswein sowohl falsch als auch richtig ist und wer die „großen Vier“ sind. Vor allem aber plädiert sie für eine japanisch-europäische Sakefreundschaft.*

Wie schmeckt Sake?
Bei Sake ist die geschmackliche Vielfalt enorm groß. Idealtypisch schmeckt ein guter Sake wie das Wasser von einer klaren Bergquelle. Er hat den süßlichen Geschmack von Reis, ist säurearm, und wenn man ihn trinkt, hat man ein reines, klärendes Gefühl – guter Sake macht glücklich.

Es klingt, als würden Sie über ein Heilmittel sprechen und nicht über eine Spirituose mit 15 Volumenprozent Alkohol. Ist Sake so gesund wie die japanische Küche?
Das kommt auf das Maß an. In Japan hat Sake traditionell auch eine spirituelle und eine medizinische Bedeutung. Durch die Fermentierung hat er viele Vitamine und wertvolle Aminosäuren. Sake ist in der japanischen Kultur so tief verwurzelt wie Bier und Wein in Deutschland. So darf er bei keinem feierlichen Anlass und keinem religiösen Ritual fehlen. Wird zum Beispiel ein Tempel eingeweiht, wird er vorher mit Sake und Salz gereinigt.

Sie sagen, dass Sake durch Fermentierung gewonnen wird. In Deutschland bezeichnet man ihn meist als Reiswein. Ist diese Bezeichnung falsch?
Jemand hat einmal über Sake geschrieben: „Gebraut wie Bier, getrunken wie Wein.“ Das finde ich sehr passend. Tatsächlich ähnelt die Herstellung von Sake der von Bier. Reis hat keinen Zucker. Daher muss man wie beim Bier zunächst Stärke durch Schimmelpilzkulturen in Zucker verwandeln, bevor dieser zu Alkohol vergoren wird. Dafür wird ein spezieller Koji-Pilz verwendet. Ansonsten ist Sake aber eher mit Wein vergleichbar.

„In 70 Prozent aller japanischen Gerichte spielt Sake eine Rolle."

Hergestellt wie Bier, kultiviert wie Wein – Sie meinen damit eher die Trinkweise als das Getränk selbst?
Sake und Wein haben einen ähnlichen Alkoholgehalt. Auch die geschmackliche Vielfalt und die Beschreibungen erinnern an Wein. So unterscheidet man zwischen trockenem und fruchtigem Sake und spricht von körperreichen und vollmundigen Sorten. Auch die Aromen sind ähnlich – von Pfirsich, reifen Bananen oder Melonen über Orangenschale und mineralische Noten bis hin zu erdigen Tönen, die an Champignons, Wald oder Moos erinnern. Das Spektrum ist bei Sake sogar noch breiter als bei Wein. Während man beim Wein etwa 200 Nuancen unterscheidet, differenziert man beim Sake 400 verschiedene Nuancen. Auch die Qualitätsstufen sind mit denen des Weins vergleichbar. Im Premium-Bereich gibt es zum Beispiel sechs unterschiedliche Kategorien: Es fängt an bei einem kräftigen und vollmundigen Junmai. Dann kommt Honjozo mit einem frischen, leicht duftigen Geschmack, ein blumiger Ginjo und ein Junmai Ginjo mit einem noch ausgeprägteren Charakter. Die höchsten Stufen sind Dai Ginjo und Junmai Dai Ginjo.

Was macht einen gewöhnlichen Sake denn zu einem herausragenden Premium-Sake?
Für einen einfachen Tafel-Sake gibt es bei der Produktion nur wenige Vorschriften. Für den Premium-Bereich hingegen müssen viele Bestimmungen eingehalten werden. Am wichtigsten ist aber die Qualität der Grundstoffe Wasser und Reis. Reines Quellwasser aus den japanischen Bergen bestimmt durch seinen Mineraliengehalt das Profil eines Sake. Beim Reis spielt neben der Qualität auch der Veredelungsgrad eine Rolle.

Ein Reis ist ein Reis ist ein Reis – aber erst durch die Veredelung bekommt er seine besondere Qualität?
Für besseren Sake wird der Reis zunächst poliert. Hierbei werden die proteinhaltige Haut und die Außenränder der Körner entfernt. Verwendet wird nur das, was übrig bleibt – die Mitte der Körner, wo sich die Reisstärke befindet. Bei einem Premium-Sake hat man zum Beispiel einen Polierungsgrad von 40 Prozent – das heißt, dass von einem Reiskorn nur noch 40 Prozent vorhanden sind. Der Rest wird zu Reiskeksen oder zu industriellem Sake verarbeitet – die Japaner versuchen, Lebensmittel vollständig zu verwerten.

Hierzulande bekommt man den Reiswein im Restaurant nicht selten warm serviert. Aber wie trinken die Japaner eigentlich ihren Sake? Warm oder kalt, vor, nach oder zu dem Essen?
Früher haben viele Japaner körperliche Arbeit geleistet und gerne süßen Sake getrunken und dazu salzige Sachen gegessen. Deswegen trinken viele Bauern noch heute Sake aus kleinen quadratischen Holzkästchen. Auf eine Ecke des Gefäßes gibt man etwas Salz. Beim Trinken fließt der Sake über das Salz. Der traditionelle Sake ist auch eher vollmundig und er schmeckt besser, wenn man ihn warm trinkt. Der moderne Sake ist frischer, leichter und aromatischer und wird auch von Japanern meist kalt getrunken. Ob vor, nach oder zum Essen – Sake ist ein idealer Aperitif, aber auch ein hervorragender Begleiter zu Speisen aller Art.

Kommen wir zur japanischen Küche. Spielt der Sake in den Kochtöpfen der Japaner eher eine Haupt- oder eine Nebenrolle?
Ich würde sagen, dass Sake heutzutage in 70 Prozent aller japanischen Gerichte eine Rolle spielt. In der Küche verwendet man allerdings in der Regel keinen Premium-Sake, sondern einfacheren Koch-Sake.

Welche Gerichte fallen Ihnen denn spontan ein?
Gekochtes Gemüse, in Sake gedämpfter Fisch oder Muscheln. Das wird gerne gegessen.

Wie kommt es, dass der Sake beim Kochen so wichtig ist? Weil er zu allem gut schmeckt, oder hat er zudem eine Funktion im Essen?
Beides. Je nachdem, wie man ihn einsetzt, hebt Sake einen Geschmack hervor oder mildert ihn. Bei der Fermentierung entstehen neben dem Alkohol Aminosäuren wie Glutamin. Diese geben dem Sake einen starken Umami-Geschmack. Und dieser hebt den Geschmack der einzelnen Zutaten im Essen. Vor allem zum feinen Geschmack von Gemüse und weißem Fisch passt Sake ganz wunderbar. Man kann sagen, dass er Speisen eine besondere Leichtigkeit verleiht.

Es ist interessant, dass Sie Gemüse erwähnen – bei den meisten Alkoholsorten denkt man ja nicht unbedingt an Gemüse. Aber Sake scheint seinen Geschmack nicht zu stören, sondern zu unterstützen?
Ja. Das liegt daran, dass Gemüse zwar eine schöne Konsistenz, Aromen und Vitamine hat, aber selbst keinen Umami-Geschmack. Daher sorgt Sake mit seinem Umami-Geschmack dafür, dass der Eigengeschmack des Gemüses verstärkt wird. Neben seinem verfeinernden und hervorhebenden Charakter hat Sake aber auch einen maskierenden Effekt. Sake mildert zum Beispiel Salzigkeit, Fischigkeit oder einen zu strengen Fleischgeschmack. Zudem macht Sake Fisch haltbarer. Wenn man rohen Fisch in Sake mariniert, hält er länger.

Sake ist praktisch das japanische „Salz in der Suppe“?
Das könnte man so sagen. In Japan spricht man allerdings von den „großen Vier“. Damit sind die wichtigsten Aromatisierer gemeint: Sojasauce, Miso, Dashi, und eben Sake. Je nach Gericht, würzt man mit einer oder mehreren dieser Zutaten. Wenn man zum Beispiel den dominanten Geschmack von Sojasauce vermeiden will, würzt man eher mit gekochtem Sake, bei dem der Alkohol schon verflogen, der Umami-Geschmack aber noch vorhanden ist.

Wird der Sake immer erst gekocht, bevor er verwendet wird?
Das kommt darauf an. Verwendet man ihn für Salate oder zum Marinieren, wird er meistens vorher gekocht. Gibt man ihn in die Suppe hinein, spart man sich das.

Hierzulande ist Sake bislang nicht so verbreitet. Liegt das daran, dass Sake nur in der japanischen Küche Verwendung findet?
Im Gegenteil, in der europäischen Küche eignet er sich genauso gut. Auch Sterneköche wie Mario Lohninger oder Volker Drkosch kochen inzwischen mit Sake. Ich empfehle Sake vor allem zu Saucen, Gratinés und buttrigen Gerichten. Man kann auch Muscheln oder ein Frikassee statt mit Wein mit Sake zubereiten. Vor allem mit milden und hellen Saucen harmoniert Sake oft viel besser, weil er nur etwa ein Drittel so viel Säure hat wie Wein – insofern verleiht er den Saucen zwar die nötige Säure, macht das aber viel dezenter als Wein.

Verraten Sie uns zum Abschluss doch noch ein Rezept mit Sake?
Gut, sagen wir Muscheln mit Sake. Sie benötigen 1,5 Kilogramm frische Miesmuscheln, Sellerie, Lauch, Knoblauch, 50 Gramm Butter, etwas Petersilie und 150 Zentiliter eines einfachen, leicht aromatischen Sake wie Kirin Junmai oder Rihaku Junmai Ginjo. Zunächst müssen Sie die Muscheln waschen und putzen. Dann schneiden Sie eine halbe Stange Lauch in Ringe und eine halbe Sellerieknolle in feine Streifen. In einem großen Topf dünsten Sie das Gemüse mit der Hälfte der Butter an, löschen es mit dem Sake ab und füllen es mit der gleichen Menge Wasser auf. Dann bringen Sie die Flüssigkeit zum Kochen, pressen zwei Knoblauchzehen hinein und würzen mit Salz und Pfeffer. Nun kommen die Muscheln in den Sud. Bei geschlossenem Deckel und starker Hitze werden sie vier bis fünf Minuten gedämpft, bis sie sich öffnen. Muscheln, die sich nicht öffnen, sollte man aussortieren. Schließlich nimmt man den Topf vom Herd und verfeinert die Muscheln mit der restlichen Butter. Angerichtet werden sie in tiefen Tellern und mit Petersilie garniert. Dazu passt Baguette. Und Sake.

Bier

Unser flüssig' Brot gib uns heute

Bier und Sekt mögen sich hassen, in einer Hinsicht ähneln sie sich: Es sind Brüder im Schaume. Wie bei nur wenigen Alkoholika bleibt das durch die Gärung freiwerdende Kohlendioxid im Wasser gebunden. Dem Bier setzt das die Krone auf. Und die hat es auch verdient. Schließlich ist Bier nicht nur das älteste alkoholhaltige Getränk, sondern auch der Top-Seller – wozu die Deutschen mit 116 Litern pro Jahr und Kehle maßgeblich beitragen. Trotz der Konkurrenz aus Tschechien, Belgien, Großbritannien, Irland und den USA steht jede dritte Brauerei in der Biertrink-Republik Deutschland. Getreu dem ehernen Reinheitsgebot, immerhin knapp 500 Jahre alt, darf ein deutsches Bier nur aus den heiligen Vier bestehen – Hopfen, Malz, Hefe und Wasser. Los geht es stets damit, dass Getreide, zumeist Gerste, zu Malz verarbeitet wird. Die Hefe initiiert die Gärung, bei der Malzzucker in Alkohol und Kohlensäure umgewandelt wird. Je nach Art der Hefe und Gärtemperatur entstehen süffigere „obergärige" Sorten wie Alt, Kölsch, Berliner Weiße und Weizen oder „untergärige" wie Pils, Export, Bock und Lager. Der Hopfen sorgt für die biertypische Herbheit und für die Standfestigkeit des Schaums. Wie ein bestimmtes Bier schmeckt, hängt auch von der Stammwürze ab, also von den Eiweißen, Mineralien, Bitter- und Aromastoffen, die sich aus dem Malz und Hopfen im Wasser gelöst haben. In der Küche hat Bier immer schon einen festen Platz eingenommen, hauptsächlich in der Abteilung dunkler, schwerer und herzhafter Speisen. Klassiker sind die Biersuppe, die mit Bier verschärften Yorkshire- und Plum-Puddings sowie in Bierteig ausgebackenes Gemüse. Brot wird durch die Hefen des Biers fluffiger, seine pikante Note ist bei Schmorgerichten und Eintöpfen willkommen. Und gießt man ein malziges Bier über einen Braten, karamellisiert der Malzzucker zu einer schmackhaften Kruste.

Biersuppe mit Pancetta im Brotlaib

Für 4 Personen

Biersuppe mit Brot ist ein traditionelles deutsches und recht rustikales Gericht. Noch bis ins 19. Jahrhundert hinein war sie auf dem Land eine gängige Morgenmahlzeit für Groß und Klein – nahrhaft und stärkend. Verfeinert wird die Suppe hier dadurch, dass das Brot nicht im Bier gekocht wird, sondern als Behältnis dient. Außerdem wird sie püriert und aufgeschäumt. Mit dem Pancetta, einem meist ungeräucherten Bauchspeck vom Schwein, kommt eine Spur Italien dazu. Ob das Rezept Vor- oder Hauptspeise ist? Wer die selbst gebackenen Suppenschalen mitisst, dürfte in jedem Fall gesättigt sein.

Zunächst werden die „Suppenschüsseln" gebacken. Hierzu den Teig wie auf Seite 65 beschrieben herstellen. Diesen vierteln und aus jedem der Teile ein Brötchen formen. Bei 180 Grad etwa 20 Minuten backen. Wenn die Brötchen abgekühlt sind, den Deckel aufschneiden und die Krumen aus dem Inneren herauspulen.

Für die Suppe das Öl in einen großen Topf geben. Die Zwiebeln darin bei mittlerer Hitze glasig werden lassen. Kartoffeln, Suppengrün und Knoblauch dazugeben und einige Minuten mitdünsten. Mit dem Bier ablöschen und den Bratensatz lösen. Nun Butter, Lorbeerblätter sowie Wacholderbeeren in den Topf geben und mit dem Wasser aufgießen. Salzen und pfeffern. 40 Minuten „simmern", also ganz sachte köcheln lassen. Die Beeren und die Blätter herausfischen, die Suppe pürieren und durch ein Sieb passieren. Sahne zugeben und die Suppe noch einmal abschmecken. Kurz vor dem Servieren mit dem Pürierstab aufmontieren, sodass sie leicht schäumt, und in die Brotlaibe gießen. Mit Petersilie garnieren und abschließend den Pancetta auf dem Rand der Suppenschale anrichten.

4 Ein-Personen-Brotlaibe
(siehe Seite 65)
3 EL Pflanzenöl
3 mittelgroße rote Zwiebeln,
4 mittelgroße Kartoffeln und
1 Bund Suppengrün, alles gewürfelt
2 Knoblauchzehen, geschnitten
1/2 l obergäriges Bier
(z.B. ein Weizenbier)
1 EL Butter
3 Lorbeerblätter
5 Wacholderbeeren
700 ml Wasser
Salz und Pfeffer
1 Schuss Sahne
Petersilie, fein gehackt,
zum Garnieren
150 g Pancetta, dünn aufgeschnitten

108

Taschenkrebs mit Koriander und knusprigem Knoblauchbrot

Für 4 Personen

Jetzt wird es derb. Zum einen, weil man die Krebse selbst tötet, indem man sie in kochendes Wasser gibt. Zum zweiten, weil man ihnen die Beine heraus- und den mächtigen Panzer aufreißen muss. Schließlich gibt man die übrigen Zutaten in den geöffneten Panzer des Krebses, vermengt sie mit seinem Fleisch und isst das Ganze mit Brot genüsslich heraus. Wie dem auch sei: Taschenkrebse laufen seitwärts, haben klitzekleine Äuglein und einen mächtigen Panzer. Sie sind eine französische Nationalspeise, bei der das beste Fleisch in den Scheren steckt.

Die Butter in kleine Stücke schneiden, anschmelzen lassen und gut mit dem Knoblauch vermengen. Die Hälfte des Brotes in Scheiben schneiden, dick mit der Knoblauchbutter bestreichen und im Backofen bei 150 Grad kurz knusprig backen.

Die Krebse in einen großen Topf mit stark kochendem Wasser geben, etwas Salz dazu und zehn Minuten kochen lassen. Die Krebse herausholen. Zunächst die Scheren und Beine herausreißen, aufbrechen, das Fleisch auslösen – und als delikaten Vorab-Snack genießen. Den Krebs auf den Rücken legen, seinen Körperpanzer an den Nähten der Unterseite aufbrechen und die Schwanzplatte möglichst im Ganzen herausbrechen. Nun liegt der Panzer mit dem Krebsfleisch offen vor einem. Aus der zweiten Brothälfte die Krumen herauskratzen und mit dem Koriander in den Krebs geben. Einen Spritzer Zitronensaft dazu und mit Bier aufgießen. Noch einmal alles gut vermengen. Mit dem knusprigen Knoblauchbrot essen.

Brot
125 g Butter
3 Knoblauchzehen, fein geschnitten
1 Weißbrot

Krebse
4 kleine oder 2 große Taschenkrebse
Salz
1 Bund Koriander, geschnitten
1 Zitrone
1 Flasche Bier (Pils, 0,33 l)

Schweinekoteletts mit Hefesauce

Für 4 Personen

Kein Kotelett ohne Knochen. Oder besser: Ohne Knochen kein Kotelett. Der am Knochen sitzende Fettrand hält das Fleisch saftig. Bei diesem Rezept vereint sich der Kotelettsaft mit dem Hefeweizen, das im Gegensatz zu Kristallweizen ungefiltert und trüb ist, zu einer würzigen Sauce. Die Sache schmeckt so intensiv, dass die Beilagen simpel sein dürfen. Weißbrot und ein Salat, das reicht. Noch deftiger wird die Sache übrigens, wenn man das Kotelett nach dem Anbraten in der Hefesauce eine Nacht im Kühlschrank ziehen lässt und am nächsten Tag, vorsichtig erwärmt, genießt.

100 ml Pflanzenöl
3 Knoblauchzehen, geschnitten
einige Thymian-, Rosmarin- und Oreganozweige, abgezogen
4 Schweinekoteletts
1 EL Butterschmalz
2 EL Zucker
Salz und Pfeffer
1/4 l helles Hefeweizen
Sahne oder Fleischfond (Zubereitung wie Hühnerfond, siehe Seite 83)

Pflanzenöl, Knoblauch und Kräuter zu einer Marinade vermischen. Die Koteletts darin einlegen, kalt stellen und gut 24 Stunden ziehen lassen.

In einer schweren Pfanne den Zucker in Butterschmalz schmelzen. Die Koteletts mit den Kräutern und dem Knoblauch aus der Marinade in den Ansatz legen und von beiden Seiten goldbraun braten. Salzen und pfeffern. Das Hefeweizen zugießen, die Temperatur reduzieren und das Bier etwas einkochen. Schließlich das noch saftige Fleisch herausnehmen und im Backofen bei 80 Grad warm halten. In der Zwischenzeit die Sauce in der Pfanne kurz weiter einkochen und je nach Vorliebe mit Sahne oder einem dunklen Fond verlängern und abrunden. Das Fleisch auf vorgewärmte Teller geben und die Sauce genussvoll darüber gießen.

Schwarzbier-Soufflé auf Waldbeeren

Schwarzbier kommt ursprünglich aus dem Thüringischen. Aber auch in Bayern ist es unter dem Namen Dunkelbier bekannt. Seine tiefbraune Farbe bekommt es in der Regel durch die Verwendung dunklen Brau- oder Röstmalzes, das dem Bier auch die typische geschmackliche Note gibt. Der berühmteste Fan des malzigen Gerstensaftes war wohl Goethe. Das folgende Dessert hätte ihn vermutlich ebenso erfreut: Die fluffigen und süßlichmalzigen Soufflés treffen auf säuerliche Beeren, die mit einem aromatisierten Portweinsud überzogen sind. Ein Gedicht eben. Die kindertaugliche Soufflé-Variante lautet: Malz- statt Schwarzbier.

Für die Sauce alle Zutaten mit Ausnahme der Beeren in einen Topf geben, aufkochen und eine gute halbe Stunde köcheln. Den Sud durch ein Sieb gießen, erkalten lassen, über die Beeren gießen und ziehen lassen. Über tiefgefrorene Beeren kann man den noch warmen Sud gießen.

Für das Soufflé Schwarzbier und Zucker vermischen und auf ein Drittel der Menge einkochen. Um den malzigen Geschmack zu verstärken, kann man Gerstenmalz-Sirup zugeben. Abkühlen lassen. Als nächstes die Butter in einer Schüssel mit einem Esslöffel Zucker verrühren. Die Eier trennen. Das Eigelb in die Buttermischung einrühren, dann auch die Bier-Reduktion zufügen. So viel Mehl in die Mischung sieben, bis sie eine streichfähige und cremige Konsistenz annimmt. Die Orangenschale, das Vanillemark und die Trockenhefe zufügen. Das Eiweiß mit dem Rohrzucker cremig schlagen und unter die Masse heben.

Soufflé-Förmchen mit Butter ausstreichen, mit Mehl ausschwenken und etwa zur Hälfte mit der Masse füllen. Im vorgeheizten Backofen bei 170 Grad backen – die Ofentür möglichst geschlossen lassen –, bis die Soufflés aufgegangen und goldbraun geworden sind. Nun sollten sie schnell serviert werden. Hierzu die Beeren samt Sauce auf Tellern verteilen. Die Soufflés aus den Förmchen stürzen und auf den Beeren anrichten. Wem das noch nicht reicht, schlägt Sahne steif und krönt die Soufflés damit.

Für 4–6 Personen

Beerensauce
250 ml roter Portwein
2 Nelken
1 Lorbeerblatt
1 Sternanis
Schale von 1 Orange
1/2 Zimtstange
70 g Zucker
200 ml Orangensaft, frisch gepresst
200 g frische Waldbeeren (oder ungezuckerte aus der Tiefkühltruhe)

Soufflé
1/4 l Schwarzbier
150 g Zucker
1 EL Gerstenmalz-Sirup (gibt es im Reformhaus)
75 g Butter
1 EL Zucker
4 Eier
Mehl zum Andicken
Schale von 1/2 Orange, gerieben
Mark von 1/2 Vanilleschote
1 TL Trockenhefe
1 EL Rohrzucker
Butter und Mehl für die Förmchen
evtl. Sahne zum Garnieren

PD Dr. Gunther Hirschfelder, Jg. 1961, ist Kulturwissenschaftler und Volkskundler an der Universität Bonn. In seiner Habilitation forschte er zum kulturellen Wandel des Genusses von Alkohol („Alkoholkonsum am Beginn des Industriezeitalters“, erschienen 2004, zwei Bände). Drei Jahre zuvor hatte er das Buch „Europäische Esskultur. Eine Geschichte der Ernährung von der Steinzeit bis heute“ veröffentlicht.

Der König, der Bürger, seine Frau und ihr Alkohol.

Wer kam in Europa eigentlich auf die Idee, dass man Alkohol auch essen kann? Wann wurde Bier zur Nahrung, was hat die französische Revolution mit Alkohol im Kochtopf zu tun und wie wurde der feine Geschmack zu einer Form der sozialen Abgrenzung? Ein kulturgeschichtlicher Parforceritt durch die Jahrhunderte mit **Gunther Hirschfelder,** *der auch erklärt, warum Oliveneis nur wenigen schmeckt.*

Sie haben zur europäischen Kulturgeschichte des Essens und zur Geschichte des Alkoholkonsums geforscht. Wo haben sich die beiden Linien überschnitten – wo wurde Alkohol also nicht nur getrunken, sondern auch gegessen?
Im Mittelalter war der Konsum von Bier weit verbreitet, denn es galt nicht nur als durstlöschend, sondern auch als sehr sättigend, stärkend und nahrhaft. Deswegen aßen viele Leute bereits zum Frühstück Biersuppe. Bier war aufgrund seiner Herstellung auch leicht steril und damit sauberer als das Wasser jener Zeit. Allerdings kann man das seinerzeitige „Grutbier", das zwar auch auf Malz basierte, aber mit Blättern des Gagelstrauchs gewürzt wurde, nicht mit dem heutigen Bier vergleichen. Es schmeckte süßlich, war nicht lange haltbar und nur schwach alkoholhaltig. Das wichtigste Alltagsgetränk im Mittelalter war jedoch der Wein.

Galt Wein auch als stärkend und nahrhaft?
Nein, Wein wurde vor allem als gesundes und heilsames Getränk angesehen. Diese Vorstellung hielt sich auch sehr lange. So bestand noch im 18. Jahrhundert die gängige Krankenkost aus weißem Fleisch, Fleischbrühe und Weißwein. Uns liegen auch medizinische Verordnungen aus dieser Zeit vor, in denen Leute, die wegen einer Leberverhärtung zur Kur waren, jeden Tag zwei Flaschen Weißwein trinken sollten.

Jedenfalls tranken die Menschen im Mittelalter vorwiegend alkoholhaltige Getränke?
Ja, Alkohol wurde in der mittelalterlichen Kultur grundsätzlich positiv bewertet. Eine erste Kritik kommt mit der Reformation auf, als Luther das Bild des Saufteufels entwarf. Im Laufe der Jahrhunderte kommt es dann immer wieder zu Mäßigungsbewegungen, beispielsweise im Zuge der frühen Industrialisierung. In Deutschland hatten diese allerdings nie den gleichen Erfolg wie in England oder Skandinavien.

„Wein ist Blut Christi – in katholischen Ländern hat Kritik an Alkohol keine Chance."

Wieso nicht?
Deutschland ist in der Fläche ein katholisches Land und der Wein hat durch seine liturgische Funktion eine besondere symbolische Aufladung: Er ist Blut Christi. In einer Gesellschaft, in der jeder in die Kirche geht und permanent die Eucharistie feiert, ist das auch allen bewusst. Damit enden eigentlich alle Diskussionen über die Schädlichkeit von Alkohol. Insofern könnte man vermuten, dass in protestantischen Regionen weniger mit Alkohol gekocht wird als in katholischen Gegenden.

Tranken Männer und Frauen denn gleichermaßen Alkohol?
Im 16. und 17. Jahrhundert dürfen Frauen in Deutschland und England noch Alkohol trinken. Im späten 18. Jahrhundert ändert sich ihr Status allerdings radikal. Das sieht man zum Beispiel an der Mode. War es bis dato selbstverständlich, dass Frauen Hosen getragen haben, werden sie nun in immer aufwendigere Kleider gesteckt, in denen sie nicht mal mehr alleine aufs Pferd steigen können. Im Zuge dieser Entrechtung verliert die Frau zumindest im urbanen Raum auch faktisch das Recht, Alkohol zu trinken. In der englischen Kultur des Clubabends, die für ganz Europa stilprägend ist, essen Männer und Frauen zunächst zusammen. Dann ziehen sich die Männer zum Rauchen, Trinken und Diskutieren zurück, während die Frauen im Nebenraum Tee trinken und Kuchen essen. Genau hier tritt aber auch eine Gegenbewegung auf: Der Alkohol wird in Speisen, vor allem in die Süßspeisen, integriert. Das sind zum Beispiel Puddinggerichte mit alkoholischen Zutaten oder Saucen, da ist der Rumtopf.

Der Rumpudding entsteht als Trick der Frauen, um nicht auf den Alkohol verzichten zu müssen?
So kann man es sehen. Noch heute wird Alkohol von vielen Frauen eher in versteckter oder überlagerter Form konsumiert, zum Beispiel in Likören. Schauen Sie sich nur den noch heute enormen Umsatz der Firma Verpoorten an: Eierlikör ist ein typisches Getränk für Frauen. Ein anderes Beispiel ist Klosterfraumelissengeist, eine der gefährlichsten Einstiegsdrogen für die Frau. Den holt sie sich in einer schönen Verpackung in der Drogerie. Als anständige Frau kann sie sich aber nicht bei Edeka einen Frühstückskorn in den Wagen laden, da guckt jeder.

Sie haben jetzt zwei Stränge benannt – Alkohol, der in der ländlichen Küche als nahrhafte Kost konsumiert wird, und die Tricks der Frauen in der bürgerlichen Gesellschaft. Wie sieht es mit der feinen Küche des Adels aus?
Eine so ausdifferenzierte Adelskultur wie in Frankreich mit entsprechend hochstehender Küche gab es in Deutschland ja gar nicht. Deutschland ist durch den 30-jährigen Krieg zum ärmsten Land Europas geworden und in der Folge sind viele Esstraditionen verloren gegangen. Man kann sagen, dass die deutsche Küche im 17. Jahrhundert verroht. In Frankreich ist es anders. Seit dem 16. Jahrhundert gibt es dort eine ausgeprägte französische höfische Adelskultur, die sich abschottet vom Rest der Gesellschaft – auch durch ihre Küche. An den Höfen bilden sich bestimmte Wertmuster für eine feine Küche heraus. Das liegt auch daran, dass Frankreich seinerzeit das reichste Land Europas ist. Weltweit betrachtet hat Frankreich noch heute die mit Abstand ertragreichsten Agrarböden. Hinzu kommt natürlich die Kolonialgeschichte.

Wie würden Sie denn dieses Wertmuster beschreiben?
Grundsätzlich werden aufwendigere Zubereitungsweisen und Zutaten wertgeschätzt, die Ergebnis einer langen Entstehungskette bzw. Veredelungskette sind. Heute spielt das keine große Rolle mehr. Die Leute denken, die Artischocke wächst im Glas. Damals aber wussten die Menschen noch, wie aufwendig die Herstellung von Lebensmitteln ist. Ein Beispiel ist Branntwein. Branntwein entsteht erst durch langwierige und komplizierte Prozeduren. Deswegen erfahren solche Produkte eine ganz andere Wertschätzung als zum Beispiel Pilze, die man einfach im Wald pflücken kann.

Sie haben einmal beschrieben, dass der historische Wandel vom Kochen zum Braten von Fleisch Ausdruck von steigendem Wohlstand ist. Denn beim Braten geht Fett, das bis dahin als das Wichtigste am Fleisch galt, verloren, weil es ins Feuer tropft. Mit dem Braten zeigt man also, dass man verschwenden kann und den Geschmack höher schätzt als die reine Energiezufuhr. Ist das mit der Verwendung von Alkohol in der Küche nicht genauso?
Auf jeden Fall. Wenn man Alkohol ins Essen gibt, verliert man Teile von ihm. So etwas kann sich nur eine Gesellschaft leisten, die den Mangel überwunden hat. In seiner Symbolik ist es eine Geste der Abgrenzung von denen, die sich das nicht leisten können, und dadurch eine Aufwertung der eigenen Stellung.

„Im 17. Jahrhundert verroht die deutsche Küche. In Frankreich passiert das Gegenteil.“

Insofern macht die Zutat Alkohol Essen nicht nur geschmacklich „feiner“, sondern auch symbolisch?
Ja, so kann man das sagen.

Wie hat sich denn die höfische Esskultur in der Alltagsküche der breiten Masse verbreitet?
Seit es ein Bürgertum gibt, hat es immer versucht, sich am Adel zu orientieren. Eine reiche Kaufmannsfamilie heiratet selbst noch in den verarmten Landadel ein, nur um den Titel zu bekommen. So ist es bei der Küche auch. Die bürgerliche Küche orientiert sich an der Adelsküche. Ein starker Entwicklungsschub findet nach der französischen Revolution statt. Im französischen Adel gibt es eine Klasse von Köchen, die sich sehr gut auskennen mit dem feinen Geschmack und eine hohe Kennerschaft von Lebensmitteln und Zubereitungsweisen haben. Dann aber wird der Adel im Zuge der Revolution pulverisiert – er hört auf zu existieren. Das Problem ist: Was machen die Köche, die zwar ein großes Know-how, aber keine Arbeitgeber mehr haben? Die Antwort: Sie eröffnen Restaurants. Im Grunde entstehen in Paris in dieser Zeit die ersten Restaurants, die überhaupt ein differenziertes Angebot auf den Tisch bringen. Bis dahin waren Wirtshäuser in ganz Europa eigentlich Herbergen, in denen für die Gäste einfach eine Schüssel mit Fleisch auf den Tisch gestellt wurde. Die Restaurants der ehemaligen Köche des Adels bringen also die höfische Esskultur in die breite Gesellschaft.

Wie ist das in der deutschen Küche?
In Deutschland gab es keine eigenständige Adelsküche, deswegen wurde die französische Kochkultur auch hierzulande Normen setzend. Das ist aber erst im späten 19. Jahrhundert der Fall.

Warum erst so spät?
Man darf nicht vergessen, dass es für die Masse der Bevölkerung in Deutschland erst um 1870 herum erstmals genug zu essen gab. Mit der Überwindung des Mangels verändert sich auch die Bedeutung des Essens. Bis dahin hatte es ausschließlich die Funktion, Energie bereitzustellen und satt zu machen. Um Genuss und Geschmack ging es nur am Rande. Das ändert sich im späten 19. Jahrhundert. Auf der einen Seite verschwindet eine ganze Reihe von Gerichten, die vorher dominierend waren: Suppengerichte mit Graupen oder der Verzehr von Tieren, die nicht auf Muskelfleisch, sondern auf Fett gezüchtet sind. Auf der anderen Seite entsteht zumindest in der bürgerlichen und urbanen Gesellschaft die gutbürgerliche deutsche Küche, die sich im Verlauf des 20. Jahrhunderts auch übers Land ausbreitet.

Wird in ihr denn mit Alkohol gekocht? Schaut man in deutsche Kochbücher aus jener Zeit, findet man nicht viele Rezepte, in denen Alkohol verwendet wird. Und wenn doch, haben sie oft französische Namen wie „Welscher Hahn à la Dobé" oder „Bœuf à la mode".
Das müsste man genau untersuchen. Die deutsche gutbürgerliche Küche ist sicherlich eine schlichtere Küche als die Haute Cuisine. Das mag damit zu tun haben, dass in Deutschland genau in diesen Jahrzehnten ein starker Nationalismus herrscht, der sich zentral durch die Ablehnung alles Französisch-Welschen definiert. Typisch für die deutsche gutbürgerliche Küche ist jedenfalls der Dreiklang von Vorsuppe, Hauptgericht mit Fleisch, Gemüse und Sättigungsbeilage und Nachtisch. Mit dieser Speisenfolge grenzt sich das Bürgertum vom Bauern ab, vom dummen und rohen Tölpel.

Springen wir in die Nachkriegszeit. In Deutschland spricht man von der Fress- und Saufwelle.
Ab 1948 nimmt der Kalorienverbrauch drastisch zu. Genau genommen war diese Phase allerdings eine Saufwelle. Trank 1950 jeder Bundesbürger im Schnitt 37 Liter Bier pro Jahr, waren es 1960 bereits 120 Liter. Mit dem veränderten Konsumverhalten geht aber auch ein anderes Wertigkeitsmuster einher: Schlagartig gilt alles, was nicht neu ist, als wertlos. Die Landwirtschaft wird chemisiert und industrialisiert. All das passiert im Kontext einer unglaublich blauäugigen Westorientierung, nicht nur bei Kleidung, Autos und Atomkraft, sondern auch beim Essen. Deshalb ist Deutschland seit den 1960er-Jahren auch offener als alle anderen Länder für Tiefkühl- und Convenience-Kost. Plötzlich kommen auch kulinarische Grobheiten wie Fondue, Barbecue, Raclette oder Flambieren in Mode. Das Flambieren ist ein gutes Beispiel dafür, wie eine Technik der französischen Haute Cuisine in eine proletarische Grobesskultur verwandelt wird.

Wie kommt es Ihrer Meinung nach, dass den meisten Menschen bei Kochen mit Alkohol nur wenige Klassiker wie Coq au Vin und Rumtopf einfallen?
Man muss sehen, dass auf der sensorischen Ebene nur eine Minderheit überhaupt in der Lage ist, bestimmte Aromen zu schmecken und Kombinationen zu entdecken. Der durchschnittliche Restaurantbesucher kann das nicht. Seine Sensorik ist nicht ausgefeilt genug, um Gerichte entschlüsseln zu können, und er hat nicht gelernt, den Geschmack verschiedener Wein- oder Tomatensorten differenziert wahrzunehmen. Deshalb funktionieren die meisten Küchen so, dass sie Erinnerungen an einen bekannten Geschmack wachrufen. Man findet nur das interessant, was man einordnen kann. Das sieht man bei der Molekularküche ganz deutlich. Ein Normalkonsument findet Oliveneis oder ein Schnitzel mit Erdbeergeschmack meist widerlich. Wenn er aber über ein klassisches Alkoholgericht stolpert, erkennt er seinen markanten Geschmack und kann ihn einordnen. Das ist ein Erfolgserlebnis und deshalb schmeckt es ihm. Das ist, wie wenn Otto-Normalverbraucher ins Museum geht und denkt, „toll, Rembrandt, kenne ich. Gefällt mir."

Obstbrände, Geiste und Grappa

121

Was vom Obste übrig blieb

Meist farblos, stets duftend und immer satt aromatisch – willkommen in der Welt der Obstdestillate. Am Anfang stehen reife Früchte, die in eine Art Fruchtbrei verwandelt und vergoren werden. Der dabei entstehende Alkohol schnappt sich die Aromen und gibt sie auch beim Destillieren nicht mehr her. Auf diese Weise wird die Essenz jeder Frucht hochprozentig abgefüllt. Aus Aprikosen wird ein Marillenbrand, aus Pflaumen zum Beispiel ein Sliwowitz und aus Williamsbirnen ein „Willi". Um ein Obstbrand oder Obstwasser zu werden, muss der gesamte Alkohol aus dem fruchteigenen Zucker gewonnen werden. Ein Obstgeist hingegen entsteht, wenn zuckerarme oder schwer zu beschaffende Früchte mit Fremdalkohol überzogen werden. So kommen Himbeeren nicht als Brand, sondern als Geist in die Flasche. Eine besondere Form des Apfelbrands ist der Calvados aus der Normandie. Für diesen wird Apfelmost zu Cidre vergoren, zweifach destilliert und viele Jahre in Fässern gelagert – was ihn zu einem Apfelbrandy macht. In der XO-Variante (extra old) ist er das wahrscheinlich Samtigste, was ein Apfel werden kann. Bei einem Menü dient Calvados auch als „Aufräumer" zwischen zwei Gängen, der dem Genießer das „normannische Loch" („le trou normand") in den Magen schlägt. Bleibt der Tresterbrand, der in Frankreich Marc, in Spanien Orujo und auf Kreta Rakí heißt. Hierzulande ist nicht zuletzt dank der trinkfreudigen Toskana-Fraktion die italienische Variante Grappa in Mode gekommen ist. Passenderweise ist jeder Trester ein Recycling-Produkt, wird er doch aus den Überbleibseln der Weinerzeugung destilliert – den Stielen, Kernen und Schalen der Trauben. Je nach Rebsorte ergibt das zum Beispiel einen Grappa di Nebbiolo, di Chardonnay oder di Prosecco. In der Küche bekommen Obstbrände meist Spezialaufträge. So hält ein Kirschwasser den Käse im Fondue zusammen, während Calvados häufig mit Huhn und Schwein einhergeht. Vor allem aber sind es Aromatiseure von Kuchen, Cremes und Süßspeisen aller Art. Schnaps, das ist auch hier das letzte Wort.

122

Flambierte Zucchiniblüten mit Parmesan

Vorspeise für 2 Personen

Dieses Gericht könnte auch gut „der kleine Angeber" heißen. Es ist einfach, geht schnell und hat einen brandheißen Effekt samt Showeinlage. Auch geschmacklich haben die zarten Zucchiniblüten einiges zu bieten. Bei ihrer Zubereitung sollte man sich allerdings beeilen und das Gericht sofort servieren. Denn die zarten Blüten sollen Blüten bleiben und nicht matschig werden. Daher eignet es sich auch eher für ein Candlelight-Dinner zu zweit als für eine Acht-Personen-Runde. Vorsicht beim Flambieren: Der Grappa produziert eine respektable Stichflamme. Wessen Herd nicht die nötige Hitze aufbringt, sodass sich der Alkohol nicht von selbst entzündet, hilft mit einem Streichholz nach.

1 EL Olivenöl
1 EL Butter
6 Zucchiniblüten
1 EL grüner Pfeffer
30 g Parmesan, gehobelt
1 Schuss Grappa
Salz

Das Olivenöl in einer Pfanne erhitzen, die Butter darin schmelzen. Jetzt heißt es Tempo machen: Die Temperatur hoch drehen und die Zucchiniblüten in die Pfanne geben. Den Pfeffer und den Parmesan hinein, dann denn Grappa angießen. Wenn es zündet, die Flamme kurz über die Blüten tanzen lassen. Salzen und sofort servieren.

ARRET
OFF
IMPULSION
PULSE
MARCHE
ON

Cashew-Pesto mit Grappa

1 großes Schraubglas

Dies ist ein Pesto mit Basilikum, aber eben kein immergleiches Basilikumpesto. Vielmehr machen hier die Cashews die Musik. Ein kleiner, geschmacklich aber bedeutsamer Eingriff besteht darin, die Kerne anzurösten. Verfeinert wird das Pesto mit einem Schuss Grappa aus dem Barrique-Fass. Sein nussig-kerniges Aroma passt gut zu den Cashews. Und das Pesto passt ebenso gut zu Pasta wie als gehaltvolle Paste auf das Brot.

150 g Cashewkerne
100 ml gutes Olivenöl
2 Knoblauchzehen
1 Handvoll Basilikumblätter
70 g Pecorino, gewürfelt
2 cl Grappa
Salz

Die Cashewkerne in einer Pfanne goldbraun anrösten, etwas abkühlen lassen. Dann die Cashews zusammen mit den anderen Zutaten in eine Küchenmaschine füllen und zu einer gleichmäßigen Pestomasse verarbeiten. Mit Grappa und Salz abschmecken.

Glaciertes Kalbsfilet auf Roter Beete

Für 4 Personen

Hier trifft Fleisch auf knorrige Knolle. Da es sich in Form bringt und sie sich in Schale wirft, entsteht ein dem Gaumen schmeichelndes Gericht. Das Kalbsfilet, das nur kurz gebraten wird und sich anschließend im Ofen entspannen darf, wird butterzart. Ein ordentlicher Schluck eines guten Calvados gibt der Sauce den letzten Schliff. Und das feine Dressing adelt die Rote Beete. Was für ein Paar!

Fleisch
2 EL Butterschmalz
2 EL Zucker
2 Knoblauchzehen, in Scheiben geschnitten
Salz und Pfeffer
4 Kalbsfilets (à 180 g)
1 Rosmarinzweig, abgezogen
etwas Butter
1 EL fruchtiges Tomatenmark
1 EL Dijon-Senf
4 cl Calvados
1 Spritzer Angostura
evtl. Fleischfond

Gemüse
800 g Rote Beete
1 TL Dijon-Senf
3 EL Walnussöl
3 EL Kürbiskernöl
2–3 EL Sherry-Essig
Salz und Pfeffer
1 rote Zwiebel, fein gewürfelt
50 g Kürbiskerne
1 TL Butter
etwas glatte Petersilie, in Streifen geschnitten

Die Rote Beete ungeschält in einem Topf mit gesalzenem und gezuckertem Wasser zum Kochen bringen. Sie bleibt so lange im sprudelnden Nass, bis sie gar, aber noch bissfest ist. In dieser Zeit kann man sich dem Fleisch zuwenden.

In der Pfanne des Vertrauens das Butterschmalz zerfließen lassen. Den Zucker und die Knoblauchzehen hinzugeben. Wenn der Ansatz schön brutzelt, die zuvor mit Salz und Pfeffer gewürzten Filets hineinlegen und bei mittlerer Hitze von beiden Seiten Farbe nehmen lassen. Den Rosmarin zufügen. Nun die Filets herausnehmen, mit kleinen Butterflocken garnieren und für etwa 20 Minuten bei 100 Grad im Ofen saunieren lassen – das Fleisch zieht ein wenig nach, bleibt aber zartrosa. In den Bratensatz das Tomatenmark sowie den Senf einrühren, mit einem „amtlichen“ Schluck Calvados ablöschen und mit Angostura abrunden. Die Sauce eventuell mit etwas Fond strecken und einköcheln, sodass ein sämiger Jus entsteht.

Die gare Rote Beete abgießen, mit kaltem Wasser abschrecken und die Haut abziehen. Die Knollen in Stifte schneiden. Senf, Kürbiskern- und Walnussöl sowie Sherry-Essig zu einem Dressing verrühren. Mit Salz und Pfeffer abschmecken und die Zwiebel dazugeben. Die Rote-Beete-Stifte mit dem Dressing vermischen. Die Kürbiskerne in etwas Butter rösten und ebenso wie die Petersilie dazugeben. Vor dem Anrichten das Gemüse noch einmal kurz in einer Pfanne schwenken – es soll nicht gebraten, sondern nur erwärmt werden. Die Rote Beete auf Tellern anrichten, je ein Filet daraufsetzen und mit der Sauce übergießen. Dazu passt Weißbrot.

Aprikosen-Parfait auf Obstbrand-Gelee

Für 4 Personen

Alkohol verstärkt nicht nur den Geschmack eines Gerichts. Im Parfait sorgt er dafür, dass der Gefriervorgang langsamer abläuft und weniger Eiskristalle entstehen. Daher gilt: Je mehr Alkohol am Werk ist, desto cremiger wird das Parfait. Das Aprikosen-Parfait schwebt hier auf einem mit Obstbrand aromatisierten Gelee, der zwar harmlos aussieht, es aber durchaus in sich hat. Auf der Basis der angegebenen Menge Ei, Zucker und Sahne lässt sich das Parfait nach Lust und Laune mit anderen Früchten und Bränden bzw. Likören herstellen. Experimentieren macht den Meister.

Parfait
4 Eigelb
180 g Zucker
Mark von 1 Vanilleschote
125 ml Sahne
3 EL Aprikosenpüree
5 cl Orangenlikör (Cointreau oder Grand Marnier)
5 cl Apricot Brandy

Gelee
4 Blatt Gelatine
300 ml Apricot Brandy
5 EL Zucker
Schale von 1 Zitrone, gerieben

Das Eigelb mit dem Zucker und der Vanille so lang cremig schlagen, bis sich der Zucker aufgelöst hat – mag es auch einige Minuten dauern. In einer zweiten Schüssel die Sahne steif, aber nicht zu steif schlagen. Das Aprikosenpüree und die Alkoholika in die Eimasse einrühren, anschließend die Sahne unterheben. Die Parfait-Masse in eine Schale geben und für mindestens zwei Stunden in der Gefriertruhe verschwinden lassen.

Für das Gelee zunächst die Gelatine in kaltem Wasser einweichen. Den Aprikosenbrand mit dem Zucker und der Zitronenschale in einem kleinen Topf erhitzen, bis sich der Zucker ganz aufgelöst hat. Nun die Gelatine ausdrücken und in der warmen Zucker-Alkohol-Mischung auflösen. Die Temperatur vorher reduzieren, denn die Gelatine darf nicht zu heiß werden, sonst ist sie dahin. Die flüssige Masse in vier Dessertschalen gießen und kalt stellen.

Zum Servieren mit dem Eisportionierer aus dem Parfait Kugeln formen und auf den fest gewordenen Apricot-Brandy-Spiegel setzen.

Pisco Sour

1 Drink

Was macht ein Cocktailrezept in einem Kochbuch? Das Eiweiß ist schuld. Zumindest kratzt seine Zugabe an der vermeintlich starren Grenze zwischen Getränk und Gericht. Unüblich ist die Verwendung von Eiweiß in Cocktails nicht, im Gegenteil. Klassischerweise gehört es an jeden Sour, ob mit Whisky, Aperol oder wie hier mit Pisco als Basisspirituose. Gut geschüttelt, macht es den Drink cremig. Pisco, das Nationalgetränk Perus und Chiles, ist ein dem Grappa ähnelnder Tresterbrandwein. Der einzige Unterschied: Beim Pisco werden nur die Schalen und das Fruchtfleisch der Trauben, nicht aber ihre Kerne und Stiele, destilliert.

1 Handvoll Eiswürfel
1 Eiweiß
1–2 cl Zuckersirup
4 cl Zitronensaft
6 cl Pisco Control

Die Eiswürfel in einen Shaker geben. Alle übrigen Zutaten zufügen und schütteln – kräftig schütteln, damit das Eiweiß auch cremig wird – und in ein solides Glas abseihen.

Arno Dirker, Jg. 1963, ist Inhaber der Edelbrennerei Dirker, ein Kleinbetrieb in Mömbris bei Aschaffenburg (www.dirker.de). Beim World-Spirits Festival werden seine Produkte regelmäßig ausgezeichnet, allein 2007 gewannen sie 16 Medaillen.

Der Schnäpschenjäger. *Alkoholische Getränke können ein Gericht aromatisieren. Wie aber kommt das Aroma in Brände, Geiste und Liköre?* **Arno Dirker** *weiß, wie es geht. In seiner kleinen Edelbrennerei bringt er das Beste von Äpfeln oder Mirabellen, aber auch von Spargel oder Tannenspitzen hochprozentig in die Flasche. Denn geht nicht, gibt's nicht. Ein Besuch bei dem originellsten „Alkoholkocher" des Landes.*

Seit Mitte der 1980er-Jahre brennen Sie Schnaps aus den unterschiedlichsten Früchten, Beeren und Pflanzen. Kann man eigentlich aus allem Schnaps machen?
Aus allem, was wächst. Man kann auch mal versuchen, Steine zu destillieren – wer weiß. Es gibt aber bestimmte Dinge, die ich nicht brenne, weil ich ihren Geruch nicht mag oder weil ihre ätherischen Öle den Kessel verunreinigen könnten. Ginkgo, Faulbaum und Topinambur kommen mir zum Beispiel nicht in den Kessel.

Trotzdem muss man ja erst einmal auf die Idee kommen, dass man nicht nur Birne, Apfel oder Himbeere, sondern auch Steinpilze, Tannenspitzen oder Knoblauch destillieren kann.
Seltene Früchte sind eben meine Leidenschaft. Mir macht es einfach Spaß, immer neue Düfte und Geschmacksstoffe zu destillieren. Man kann auch viele giftige Pflanzen destillieren. Giftstoffe haben nämlich oft eine andere Siedetemperatur als der Alkohol. Dadurch kann man sie voneinander trennen.

Ist das Risikofreude oder schmeckt die Tollkirsche einfach toll?
Tollkirsche habe ich noch nicht ausprobiert, aber mit der Eibe kenne ich mich aus. Toxikologische Institute, die auch Giftmorde aufklären, wissen da genau Bescheid. Der Schmelzpunkt von Taxin, dem Giftstoff der Eibe, liegt zum Beispiel bei 115 Grad, Ethanol siedet aber schon bei 78,3 Grad. Bevor das Taxin von der kristallinen in die flüssige Form und damit in den Alkohol übergeht, ist dieser längst verdampft – das Gift bleibt also in der Maische zurück. Grundsätzlich gilt: Mineralien oder Farbstoffe kann man nicht destillieren. Der Alkohol bindet nur Aromen an sich und die Aromen sind nicht giftig.

Sie stellen vor allem Obstbrände, Obstwasser und Geiste her. Worin besteht der Unterschied?
Brände und Wasser sind das gleiche – nämlich die reinste Form von Destillaten. Sie dürfen nur Alkohol enthalten, der aus dem fruchteigenen Zucker gewonnen wurde, und sind somit 100-prozentige Fruchtdestillate.

Und Geiste?
Geiste sind meist Destillate, die aus Früchten hergestellt werden, die wenig oder gar keinen Zucker enthalten, wie Pilze, Zwiebeln, Spargel, oder deren Beschaffung zu aufwendig ist. Ein Kilo Walderdbeeren zum Beispiel kostet ungefähr 13 Euro. Sie brauchen etwa 100 Kilo, um einen Kessel zu füllen, und gewinnen daraus etwa zwei Liter fertiges Destillat. So etwas würde niemand bezahlen.

„Aus allem, was wächst, kann man Schnaps machen.“

Also kommt der Alkohol beim Geist nicht aus der Frucht, sondern wird zugesetzt?
Richtig. Wenn man einen Geist herstellt, überzieht man die Früchte mit einem 96-prozentigen Trinkbranntwein und lässt sie je nach Frucht mindestens 14 Tage stehen. Walnüsse lasse ich bis zu zwei Jahren stehen, weil sich das Aroma lieber an das Fett als an den Alkohol bindet. Ich stelle aber auch Liköre her. Hierfür werden frische Früchte in Alkohol eingelegt, manchmal bis zu einem Jahr lang, und anschließend abgepresst. Der Saft wird dann mit einer Zuckerwasserlösung versetzt und je nach Obstsorte noch mit Gewürzen verfeinert. Fast alle Liköre verfeinern einen Aperitif wie beim „Kir Royal“ oder werden übers Dessert gegossen.

Wie kommen Sie eigentlich an Ihre Produkte?
Alle Früchte stammen aus der nächsten Umgebung. Ich habe meine eigenen Streuobstwiesen mit Zwetschgen und Äpfeln. Einige Sorten habe ich sogar selbst gezüchtet. Dann liefern mir Bauern aus der Gegend ihr Obst. Und manche Beeren oder Früchte wie die japanische Zierquitte sammle ich selbst.

Worauf achten Sie bei der Auswahl des Obstes?
Nur das, was vom Baum fällt, ist vollreif und konnte die Sonne voll ausschöpfen. Erst dann sind der Zuckergehalt, die Säure und das Aroma ausreichend, um ein Destillat zu erzeugen. Obst, das man im Supermarkt kauft, wird grün geerntet und reift dann im Kühlhaus nach – oder auch nicht.

Okay, wir haben reifes Obst. Wie geht es weiter?
Das Obst wird im Muser zerkleinert, dann kommt es in Fässer und wird mit einer Hefe überzogen. Die Hefe wandelt den Zucker aus den Früchten in Alkohol um. Zur Hefe kommt noch ein Verflüssiger, der die Zellen aufschließt. Aus dem Zucker wird Alkohol, und Zucker und Säure ergeben Ester. Ester prägt das Aroma. So erhält man die Maische – die Grundsubstanz für das Destillat. Diese wird je nach Fruchtart, Temperatur und Hefe kühl gelagert. Zwetschgen oder Birnen brauchen ein Vierteljahr, säurestarke Früchte wie ein Speierling oder Schlehen bis zu einem Jahr.

Und beim Destillieren geht es nun darum, den Alkohol und die Esterverbindungen von den übrigen Bestandteilen zu trennen und möglichst konzentriert in die Flasche zu bekommen?
Genau. In der Brennanlage wird die Maische in einem Wasserbad erhitzt. Wichtig ist, dass die Temperatur möglichst konstant ist. Ich feuere mit Fichtenholz an und brenne dann mit Buchenholz weiter. Die Temperatur steigt langsam weiter an, der Alkohol verdampft und steigt im Kupferkessel nach oben.

Warum hat Ihr Kessel denn eine Hutform?
Das habe ich auf einem Kupferstich aus dem Jahre 1350 gesehen und entsprechend bauen lassen. Ich habe gelesen, dass man diese Form benutzt hat, um Rosenwasser zu destillieren.

Aber was hat die Form des Kessels mit der Qualität des Destillats zu tun?
Wenn man Qualität erzeugen will, braucht man Zeit. Die Aromen sollen schonend aus der Maische herausdampfen können. Denn der Alkohol ist das, was am leichtesten flüchtet. Wenn man etwas zu schnell erhitzt, verdampft der Alkohol und das Aroma ist noch im Kessel. Aber man will ja beides zusammenführen. Das geht in der Hutform am besten, weil sich der Dampf nach oben hin immer mehr konzentriert. Dann wird er über eine Rohrleitung in ein Fass transportiert und dabei gekühlt. Der Dampf wird wieder flüssig und läuft vorne aus der Tülle heraus.

Und Sie schauen nur noch zu?
Nein, jetzt kommt das Entscheidende: Man muss den Vor- und den Nachlauf richtig abtrennen. Als erstes kommt nämlich der Methylalkohol heraus, weil er einen niedrigeren Siedepunkt als Ethylalkohol hat. Methylalkohol riecht nach Klebstoff oder Nagellackentferner – und er macht blind. Ich muss ihn also „abschnuppern". Im Kessel steigt die Temperatur langsam weiter und irgendwann riecht das, was aus der Tülle läuft, nicht mehr nach Kleber, sondern nur noch nach der Frucht. Dann stelle ich den ersten Eimer weg und einen neuen hin – denn jetzt kommt der gute Schnaps raus, reines Ethanol. Nun versucht man, die Temperatur möglichst lange auf 78,3 Grad zu halten, damit wirklich nur das gute Ethanol verdunstet. Steigt die Temperatur über 80 Grad, vermischt er sich mit dem Isopropylalkohol, einem öligen Alkohol, den man als Fusel bezeichnet. Dann muss man die Entscheidung treffen: Stopp, bis hierher und nicht weiter. Denn die Fuselöle sollen natürlich nicht in die Flasche.

In einem guten Schnaps sind also möglichst wenig Vor- und Nachlauf?
Genau. Je strenger man dabei mit sich ist, umso geringer ist die Ausbeute und umso höher die Qualität. Ich weiß inzwischen, dass aus 100 Kilo Zwetschgenmaische ungefähr 1,8 bis 2 Liter Vorlauf kommen. Und dann muss ich gucken, wie lange die Temperatur bei 80 Grad bleibt. Sobald die Temperatur über 80 Grad steigt, nehme ich wieder eine Probe.

Das heißt, Sie schnuppern und schmecken?
Ja, meine Nase und Zunge sind aber sehr zuverlässig. Dann werden die Flaschen verkorkt und ich klebe die Etiketten darauf. Die habe ich alle selbst gezeichnet, kopiert und per Hand ausgeschnitten.

Und woher bekommen Sie den Alkohol, den Sie für die Geiste benötigen?
Ich bin verpflichtet, ihn bei der Bundesmonopolverwaltung zu kaufen. Der Alkohol selbst ist sehr günstig: Ab einer bestimmten Menge kostet ein Liter reiner Alkohol 1,99 Euro. Da kommen aber noch mehr als 13 Euro Branntweinsteuer pro Liter drauf, plus die Mehrwertsteuer, plus die Miete für die Gefäße, weil der Alkohol in speziellen Gefäßen transportiert werden muss.

Der Staat dealt also mit Alkohol?
Na ja, jedenfalls ist die Branntweinsteuer die drittgrößte Steuer nach Mineralöl und Tabak. Es gibt in Deutschland 32.000 Abfindungsbrennereien und jede dieser Brennereien darf im Jahr 300 Liter reinen Alkohol produzieren.

Da ist das Staatsauge natürlich wachsam.
Natürlich, man darf bei diesen einfachen Anlagen auch nicht einfach brennen, was und wann man will. Aus 100 Litern Zwetschgenmaische erhält man fünf Liter Destillat, bei Äpfeln sind es drei Liter. Ich könnte ja jetzt Äpfel auf das Fass schreiben und in Wirklichkeit Zwetschgen brennen. Fünf Tage vor Brennbeginn muss ich beim Hauptzollamt Stuttgart Fruchtart, Menge, Maischefassnummer und Uhrzeit der Destillation beantragen. Und meine moderne Brennanlage ist hinter einer großen Glasscheibe verplombt, sodass ich sie nur von außen mit Hebeln bedienen kann. So kontrolliert der Staat, dass auch wirklich jeder Tropfen Alkohol in den Büchern auftaucht.

Ist denn beim Brennen immer jemand dabei?
Am Anfang war es ganz schlimm. Ich habe das immer aufgeschrieben und die Unterschriften von den Zollbeamten gesammelt. Beim hundertsten Brennabend habe ich das dann öffentlich gemacht: Ich wurde 75-mal von fünf verschiedenen Beamten kontrolliert. Danach bin ich nicht mehr so viel kontrolliert worden.

Wenn Sie jetzt quasi ungestört weiter brennen können: Geht die Suche nach neuen Ingredienzien also weiter.
Da brauche ich gar nicht zu suchen. Es gibt so viele Dinge, die ich noch nicht gebrannt habe. Dazu reicht mein Leben gar nicht aus, das alles zu destillieren.

Wodka

135

Der aus dem Osten kam

Es ist fast gemein: In jeder Bar der Welt beweist Wodka tagtäglich, wie gut er sich mit anderen zu einem harmonischen Ganzen fügt. Doch obwohl er solch ein spielfreudiger Genosse ist, bleibt ihm der Zutritt zur Küche meist verwehrt. Das gilt selbst für die Länder, aus denen er vorwiegend stammt – Polen und Russland, aber auch die Ukraine, Finnland und Schweden. Ein Grund dafür könnte sein, dass er als farbloser Branntwein keinen hervorstechenden Eigengeschmack hat. Mancher unkt gar, Wodka sei Wasser mit Wirkung. Tatsächlich ist Wodka die sauberste, klarste und reinste aller Spirituosen. Durch die mindestens dreifache Destillation und eine gründliche Filterung ist er frei von Fuselölen und anderen unewünschschten Begleitstoffen. Im Gegensatz zu anderen Bränden reift er auch nicht in Fässern nach. All das heißt jedoch nicht, dass ein Wodka nach nichts und jeder Wodka gleich schmeckt. Wird er aus Weizen hergestellt, ist er weich und mild, während ein Roggenwodka kräftig und robust auftritt. Bilden Kartoffeln die Basis, kann er leicht sämig sein. Und jeder gute Wodka hat eine dezente süßliche und frische Note. Richtig eingesetzt, bietet gerade seine geschmackliche Zurückhaltung in der Küche viele Vorteile: Er drängt sich nicht störend in den Vordergrund, unterstützt mit seiner Geradlinigkeit aber die Entfaltung der Aromen der anderen Zutaten. So passt er zu allem, was mit Zitrus zu tun hat, aber auch zu anderen Früchten, zu Fisch, hellem Fleisch und, das beweist eine Bloody Mary, auch bestens zu milden Gemüsesorten wie Tomaten oder Paprika. Gibt man einen Esslöffel Wodka an ein Salatdressing, einige Tropfen über einen Fisch oder einen Schuss an eine Konfitüre oder ein Chutney, führt das nicht dazu, dass das Essen nach Wodka schmeckt – wohl aber dazu, dass es leichter, heller und aromatischer wird. Kurzum: Wodka ist keine Rampensau. Er ist der bescheidene Arbeiter, der im Hintergrund dafür sorgt, dass andere glänzen.

Spargelquiche mit Wodka-Oregano-Schaum

Vorspeise für 4 Personen

Eine Quiche ist eine dankbare, weil flott gemachte, oftmals aber unterschätzte Angelegenheit. Was sich neben Eiern und Sahne bzw. Schmand auf dem Teigboden niederlassen darf, variiert von Region zu Region. In Lothringen, Herkunft des Klassikers Quiche Lorraine, ist es Speck, in den Vogesen ein würziger Käse, im Elsass sind es Zwiebeln. Die wohl merkwürdigste alle Quiches stammt aus der Normandie, wo sie mit Makrele und Stachelbeere belegt wird. Hier bekommt sie eine Füllung aus grünem Spargel und Bergkäse – also eine Kombination aus fein und herzhaft. Hinzu gesellt sich die klare Note des Wodka-Oregano-Schaums. Statt des besonders feinen asiatischen kann man auch grünen europäischen Spargel nehmen. Da dieser etwas härter ist und länger garen muss, empfiehlt es sich, ihn vorab mit etwas Butter in der Pfanne zu schwenken. Das Anbacken des Mürbeteigs sorgt dafür, dass der Boden sich nicht mit dem Belag vollsaugt und kross bleibt.

Mehl auf eine Arbeitsfläche häufen. In die Mitte eine Vertiefung drücken und in diese das Eigelb, Salz und Zucker geben. Die Butter in Flöckchen auf dem Rand der Mulde verteilen und alles zügig zu einem Teig kneten. Wenn nötig, etwas Wasser dazugeben. Den Teig mindestens eine halbe Stunde kalt stellen. Anschließend dünn ausrollen und eine gebutterte Springform damit auskleiden. Mit einer Gabel kleine Löcher in den Teig stechen. Nun wird er bei 180 Grad angebacken, also so weit, dass er noch blass, aber außen nicht mehr feucht ist.

Den Spargel waschen und in kleine Stücke schneiden. Für die Dekoration einige Spitzen zur Seite legen. Die Eier mit der Sahne verquirlen. Thymian und Knoblauch zugeben, die Spargelstücke und zum Schluss den Käse untermischen. Mit Salz und Pfeffer abschmecken. Die Masse auf den vorgebackenen Teig geben und mit den Spargelspitzen garnieren. Die Quiche bei 180 Grad je nach Größe der Form zwischen 15 und 20 Minuten backen: Die Masse soll gestockt, die Oberfläche schön gebräunt und der Teig leicht kross sein.

In dieser Zeit den Wodka-Oregano-Schaum zubereiten. Die Butter in einer Pfanne schmelzen. Die Schalotte und den Knoblauch darin Farbe nehmen lassen. Etwas Oregano dazugeben, mit Wodka ablöschen, anschließend die Sahne zugießen. Die Sauce so lange köcheln lassen, bis sie sämig ist. In ein schmales Gefäß füllen und mit dem Pürierstab aufschäumen. Mit Limettensaft, Salz und Pfeffer abschmecken und zur warmen Quiche servieren.

Teig
250 g Mehl
1 Eigelb
Salz
Zucker
160 g Butter
evtl. etwas kaltes Wasser
Butter für die Form

Belag
400 g grüner asiatischer Spargel
4 Eier
250 ml Sahne
3 Zweige junger Thymian, abgezogen
1 Knoblauchzehe, fein geschnitten
100 g Bergkäse, gerieben
Salz und Pfeffer

Wodka-Oregano-Schaum
1 EL Butter
1 Schalotte, fein gewürfelt
1 Knoblauchzehe, fein geschnitten
Oregano, fein geschnitten
Wodka zum Ablöschen
125 ml Sahne
Limettensaft
Salz und Pfeffer

Meerbrasse unter Salzbaiser

Zur Familie der Brassen gehören die Rot-, die Zahn- und die Goldbrasse, also die Dorade. Ganz egal, für welche Sorte man sich entscheidet – das Rezept funktioniert ähnlich wie ein Fisch in der Salzkruste. Zwar ist hier das Verhältnis von Eiweiß zu Salz umgekehrt, das Prinzip aber bleibt gleich: Beide Komponenten verbacken zu einer geschlossenen Hülle, in der der Fisch mit seinen Aromen gefangen ist. Nichts dringt nach außen, der Fisch gart im eigenen Saft und bleibt wunderbar saftig. Die Variante mit Baiser hat allerdings Vorteile: Erstens braucht man keinen Hammer, um es zu öffnen. Zweitens macht es Spaß, den Fisch mit dem luftigen Eischnee zu bedecken – als würde man in der Badewanne mit Schaumbergen spielen. Bei dieser Zubereitungsweise muss der Fisch nicht gesalzen werden, denn aus der Hülle dringt Salz nach innen. Und der Wodka? Er ist kaum zu schmecken, unterstützt aber das feine und klare Aroma des Fisches. Noch ein Tipp für den Einkauf. Um zu überprüfen, ob der Fisch frisch ist, rät Simon Horn: Schau' ihm ihn die Augen, Käufer. Sieht man dort eine Tiefe, so tief wie das Meer, ist alles bestens.

Den Zucker zu dem Eiweiß geben und dieses cremig schlagen. Das Meersalz untermischen. Nun die Brassen vorbereiten. Falls der Fischhändler noch nicht selbst Hand angelegt hat, entschuppen, ausnehmen und mit einer Schere alle Flossen abschneiden. Die Fische gut waschen und abtrocknen. Nun werden sie auf Backpapier in eine Auflaufform gelegt und gewürzt: Thymian und Oregano auf die Fische geben und je einen Zweig sowie eine Butterflocke in den Bauchhöhlen verstecken. Innen und außen pfeffern, die Limettenscheiben auf die Oberseite legen. Schließlich die Fische mit Wodka beträufeln. Jetzt kommen sie ins Eischneebett: Die Fische großzügig mit der Masse überziehen und in den kräftig vorgeheizten Backofen geben (mindestens auf 200 Grad, da das Baiser sofort große Hitze braucht). Bei 180 Grad backen. Nicht erschrecken, wenn sich das Baiser rasch braun färbt – das darf es. Es soll allerdings nicht verbrennen. Den Ofen nach knapp 40 Minuten ausstellen und den Fisch noch zehn Minuten ziehen lassen. Die Form aus dem Ofen nehmen, die Baiserdecke aufschneiden, abnehmen und entsorgen. Die Brassen mit Kartoffeln und einem knackigen Blattsalat oder Gemüse servieren.

Für 4 Personen

3 EL Zucker
8 Eiweiß
2–3 Handvoll grobes Meersalz
2 Meerbrassen, z.B. Doraden à 800 g
einige Thymian- und Oreganozweige
etwas Butter
Pfeffer
1 Limette, in Scheiben geschnitten
Wodka zum Beträufeln

Wodka Oyster

1 Cocktail

Ob geschüttelt oder gerührt – die Zubereitung eines Martini-Cocktails war von jeher eine umkämpfte Sache und ist es geblieben. Wie viel Wermut gießt man zu dem Gin? Und kann, muss oder soll es nun ein Vermouth Rosso, Dry oder Extra Dry sein? Dann kam James Bond, ersetzte Gin durch Wodka und ließ kräftig schütteln. Simon Horn bringt die Angelegenheit mit seinem Wodka Oyster nun völlig durcheinander. Hierbei verfeinert er den klassischen Wodka-Martini mit Noilly Prat. Vor allem aber lässt er statt der klassischen Olive eine Auster in dem Drink baden gehen. Die Grundstimmung bleibt trocken, der Austernsaft bringt salzige Würze ins Spiel, die Auster selbst erhöht den Nährwert. Eine Frage wird bei dieser Rezeptur allerdings eindeutig beantwortet: Der Auster zuliebe sollte man es beim Rühren belassen.

Eiswürfel
5 cl Wodka
1 cl Noilly Prat
2 cl Martini Extra Dry
evtl. 1 cl Martini Bianco
1/2 Limette
1 Auster

Eiswürfel in einen Whisky-Tumbler geben, die gekühlten Spirituosen und dem Saft der Limette zugeben. Wer es einen Tick süßer mag, gibt noch etwas Martini Bianco dazu. Umrühren. Nun die Muschel öffnen (siehe Seite 10) und die Auster in den Cocktail entlassen. Einen Schuss des salzigen Austernsafts hinzu. Mein Name ist Oyster, Wodka Oyster.

Safran-Risotto mit Thymian und Zitrone

Für 4 Personen

Ein Risotto mit Safran zu färben, ist kein modischer Chic. Schon die klassischste aller Varianten, das Risotto alla milanese, ist safrangelb. Allerdings würzt man in Mailand mit Wein und Parmesan statt wie hier mit Wodka und Pecorino. In die schwere Cremigkeit des Risottos zieht der Wodka, unterstützt durch die Zitrone, eine klare und helle Linie ein. Bleiben die drei heiligen Risotto-Gebote. Erstens: Du sollst nicht innehalten (also immer rühren). Zweitens: Du sollst nicht eilen (also die Flüssigkeit peu à peu und immer erst dann nachgießen, wenn der Reis die Flüssigkeit aufgesaugt hat). Drittens: Du sollst nicht geizen (also so viel Flüssigkeit verwenden, dass das fertige Risotto fließt, wenn man den Topf schräg hält). Der Rest ist Schweigen.

3 EL Butter
2 EL Olivenöl
3 rote Zwiebeln, fein gewürfelt
3 Knoblauchzehen, fein geschnitten
400 g Risotto-Reis
Wodka (aus Roggen, z.B. Grasovka)
etwa 1,2 l Hühnerfond
(siehe Seite 83)
1 Briefchen gemahlener Safran
2 Zitronen
einige Zweige Zitronenthymian, abgezogen
Salz und Pfeffer
100 g Pecorino, gerieben

In einem schweren Topf die Butter und das Olivenöl erhitzen. Die Zwiebeln glasig werden lassen, den Knoblauch zugeben, schließlich auch den Reis. Das Ganze ordentlich anschwitzen und mit einem kräftigen Schuss Wodka ablöschen. Bei geringer Temperatur nach und nach und unter ständigem Rühren den heißen Hühnerfond angießen. Nach etwa 20 Minuten ist das Risotto fertig – es ist sämig und die Reiskörner haben noch Biss. Mit dem letzten Fond auch den Safran, den Saft von einer und die geriebene Schale von zwei Zitronen sowie etwas Zitronenthymian zugeben. Das Risotto mit einem weiteren Schluck Wodka, Salz und Pfeffer abschmecken und den Pecorino unterheben. Wer mag, frittiert noch einige Zweige Thymian und dekoriert das Risotto damit.

Olga Kaminer, Jg. 1966, auf Sachalin geboren, lebt seit 1990 in Berlin. 2005 ist ihre Erzählung „Alle meine Katzen“ erschienen. Zusammen mit ihrem Mann Wladimir Kaminer hat sie die Russendisko populär gemacht und 2006 das Buch „Küche totalitär. Das Kochbuch des Sozialismus“ veröffentlicht.

Russisch Wasser. *Man sieht ihn nicht, man schmeckt ihn kaum. Trotzdem ist der Wodka in Russland allgegenwärtig. Keine Feier und kein Essen, bei denen er nicht auf dem Tisch steht. Nur im Essen scheint er nicht vorzukommen. Warum eigentlich nicht? Ein Gespräch mit* **Olga Kaminer** *über die russische Küche und ihr hochprozentiges Nationalgetränk, über Trinksprüche und Fischschnaps.*

Für das Buch „Küche totalitär" haben Sie Rezepte aus allen ehemaligen Republiken der Sowjetunion zusammengetragen. Gibt es denn so etwas wie die sowjetische Küche überhaupt?
Ja. Die Rezepte spiegeln die ganze sowjetische Palette wider. Meine Mutter, die in Tschetschenien geboren wurde, kennt all diese Rezepte und kann sie auch kochen. Sie kann Chartscho kochen, sie kann Borschtsch kochen, sie kann Pelmeni kochen.

Aber kochen die Weißrussen nicht ganz anders als die Tartaren oder die Kasachen?
Natürlich gab es in den einzelnen Regionen sehr unterschiedliche Traditionen und Lebensmittel. Aber in der Sowjetunion haben sich einige zentrale Gerichte doch verbreitet. Da hat auch meine Tante ihren Teil zu beigetragen. Die ist damals extra nach Usbekistan gefahren, um dort alle Rezepte von Plow, also von Pillau-Reis, zu sammeln. Es heißt, die usbekische Variante sei die ursprünglichste. Sie hat sogar den speziellen Plow-Topf gekauft. Der hat einen ganz kleinen Boden und wird nach oben hin breiter. Und in diesen Topf kommen dann schichtweise Zwiebeln, Reis und die anderen Sachen. Man wollte meine Tante damit gar nicht ins Flugzeug lassen.

Kann man die Gerichte mit den Zutaten, die man in Deutschland bekommt, überhaupt nachkochen?
Schon. Aber man muss sich an die Regeln halten. Wenn da „Salzgurken" steht, müssen es auch Salzgurken sein und keine sauer eingelegten Gurken. Wenn es heißt „Rote Beete", kann man keine marinierte aus der Dose kaufen. Und mit „Mehl" ist ganz normales Mehl 405 gemeint und kein Vollkornmehl, nur weil man gesünder werden will. Mit Vollkornmehl werden die Vareniki zu dick und der Teig kocht nicht durch. Eine Katastrophe.

„Es ist eine lustige Vorstellung, einem Russen ein Gericht vorzusetzen, bei dem der Alkohol im Essen ist."

Das Merkwürdige ist, dass es in Ihrem Buch zwar immer wieder um Alkohol geht, er aber nur in zwei der vielen Rezepte vorkommt. Was ist denn da los?
Bei Süßspeisen werden Rum oder Cognac verwendet. Den Cognac hat übrigens Napoleon nach Russland gebracht. Das besagt zumindest die Legende. Das Fleisch für Schaschlik legen wir in Wein ein. Zitrone, Zwiebel und Wein, rot oder weiß, Hauptsache Säure. Und dann habe ich von meiner Freundin gehört, dass man an die Fischsuppe einen Löffel Wein gibt. Ansonsten kommt mir kein Rezept in den Kopf. Es gibt aber auch nicht viel Wein in Russland. Erst jetzt kommt mit den Neuen Russen die Weinkultur in Moskau und Sankt Petersburg an – aber ohne die Kultur. Sie trinken noch immer am liebsten sehr süßen Wein, eigentlich schon ein Dessert. Auch trockenen Sekt findet man nicht. Und wenn, dann machen sie die Flasche nicht für dich auf. Du trinkst ein Glas, wer trinkt den Rest? Entweder man nimmt die ganze Flasche oder man muss etwas anderes trinken.

Zurück zum Kochen. Warum spielt der allgegenwärtige Wodka in der russischen Küche keine Rolle?
Das wäre Verschwendung.

Weil er beim Kochen verdampft?
Ja, es wäre einfach zu schade. Es ist eine lustige Vorstellung, einem Russen ein Gericht vorzusetzen, bei dem der Alkohol im Essen ist. Genauso unüblich ist es, Alkohol zu verwässern. Als ich nach Berlin kam, konnte ich lange Zeit nicht verstehen, wie man Weinschorle trinken kann. Etwas Gutes verdünnen? Nein. Nach 17 Jahren Berlin trinke ich allerdings auch Weinschorle.

Es gibt in der russischen Küche also fast keinen Alkohol?
Doch, aber eben nicht im Essen. Im Grunde ist der Wodka der Mittelpunkt der russischen Küche. Er ist das Hauptgericht. Um ihn herum gruppieren sich die Speisen, Schwarzbrot, Salzgurken, Kartoffelsalat, Heringsfilet und all die anderen Sachen. Je fettiger, umso besser. Jedenfalls muss man wissen, dass in Russland anders getrunken wird als hier. Die Leute trinken den Wodka zum Essen, und zwar in großen Mengen. Wodka wird in Gramm bestellt, ab 50 Gramm aufwärts. Und alles auf einen Schluck. Deswegen essen die Russen auch viel mehr – um auf den Beinen zu bleiben. Das ist auch okay, so lange man nicht mit dem Gesicht in den Salat fällt.

Dann treffen sich die Menschen eher zum Trinken als zum Essen?
Ich würde sagen, die Leute treffen sich, um zu feiern. Meine Mutter hat ihre Geburtstagsfeiern immer schon um 14 Uhr begonnen. Angeblich, weil man dann abends noch andere Sachen machen kann. Das war aber nie der Fall: Die Gäste gehen nicht. Die bleiben sitzen. Und zum Feiern gehört auf jeden Fall das Trinken.

Der Wodka hält also die Essensgesellschaft zusammen?
Unbedingt. Oder eher noch die Trinksprüche. Aufs Geburtstagskind muss man dreimal trinken, dann auf die Eltern, auf die Kinder und dann kann man schon auf die Liebe trinken, auf die Damen, auf alles Mögliche.

Immer mit Motto?
Ja. Sonst hat es keinen Sinn. Niemand trinkt ohne Spruch.

Aber wie konnte ein Getränk zum Nationalgetränk werden, das eigentlich nach nicht viel schmeckt?
Übersetzt heißt Wodka „Wässerchen" – und so wird er auch getrunken. Dabei gilt: Je weniger man den Wodka schmeckt, sieht und riecht, umso besser ist er. Ein guter Wodka ist eine klare und saubere Sache. Das ist bei den meisten Selbstgebrannten nicht der Fall, die schmecken immer nach irgendwas und riechen schrecklich. Manchmal sind sie gefährlich. Das ist auch das eigentliche Alkoholproblem in Russland – schlechter Alkohol. Als Gorbatschow zum Beispiel den monopolisierten Verkauf von Alkohol eingeschränkt hat, sind schlimme Sachen auf den Schwarzmarkt gekommen. Eine Katastrophe. Nach dem Ende der Sowjetunion haben dann viele Neukapitalisten versucht, mit billigen Produkten schnelles Geld zu machen. Das hat viele Leute vergiftet.

Passt der Wodka nicht gut zur Sowjetunion? Ein in allen Republiken und Klassen üblicher Standard, farb- und geruchlos, aber mit 40 Prozent zumindest bedürfnisbefriedigend. In Ihrem Buch gibt es die Geschichte, dass die Oktoberrevolution zunächst eine neue Vielfalt alkoholischer Getränke gebracht habe – Pfefferschnaps aus der Ukraine, Reisschnaps aus Usbekistan, Fischschnaps ...
Fischschnaps?

Ja, aus Jakutien. Unter Stalin habe der Schnaps dann aber alle Namen verloren und nur noch Wodka geheißen.
Das muss mein Mann geschrieben haben. Dafür lege ich meine Hand nicht ins Feuer. Wodka wird jedenfalls auch heute getrunken und wurde auch vor der Oktoberrevolution getrunken. Ich lese gerade ein Buch über Alexej Michailowitsch, der war im 17. Jahrhundert Zar. Da kommt Wodka bereits vor.

Trotzdem ist das doch komisch – in Frankreich oder Italien ist man stolz auf die verschiedenartigen Brände, Weine oder Liköre, die sich geschmacklich deutlich unterscheiden. Und in Russland trinkt man am liebsten hochprozentiges Wasser?
Weil es um die Wirkung geht. Es muss nicht schmecken. Es ist ja ein kaltes Land. In Sachalin, wo ich geboren wurde, dauert der Winter neun Monate. Was macht man da bei Minus 35 Grad? Das Interessante ist: Du kommst von Minus 35 Grad in eine Kneipe, wo es wahnsinnig warm ist. Die Russen heizen nämlich gern. Dann trinkst du Wodka und bist sofort absolut betrunken. Dann gehst du wieder nach draußen in Minus 35 Grad und nach zwei Minuten bist du wieder stocknüchtern. Das ist verrückt, aber ist so. In Russland trinkt man, um locker zu sein, um Wärme zu bekommen, einfach zum Entspannen. Deswegen ist er eher wie ein Arzneimittel. Und deswegen genießt man ihn nicht. Wodka schmeckt dir oder er schmeckt dir nicht, aber immerhin – er fließt.

Liköre

Die schrille Bande

Von blau und grün über gelb, rot und orange bis zu violett, braun und wasserklar – unter den Spirituosen bilden die Liköre die bunteste Sippschaft. Viele ihrer Angehörigen haben kaum etwas miteinander zu tun, manche vertragen sich gar so schlecht, dass sie nicht einmal in einer Bar nebeneinander stehen. Das Einzige, was sie zusammenhält, ist der Zucker: Jede Spirituose, die mindestens 100 Gramm pro Liter enthält, gehört zur Familie. Schon beim Alkoholgehalt aber zeigen sich deutliche Unterschiede, von 14 Volumenprozent geht es hoch bis zu 55. Beim Aroma als dritter Komponente trennen sich die Wege endgültig. Denn was haben Kräuter mit Eidottern zu tun oder Artischocken mit Sahne? Es gibt kaum einen Geschmacksträger, aus dem nicht ein Likör gezaubert wird. Baileys und Amarula werden mit Sahne hergestellt, Sambuca mit Anis, Angostura mit Gewürzen, Kahlúa mit Kaffee, Maraschino aus Maraskakirschen samt Kernen, Eierlikör mit Dottern, Cointreau und Grand Marnier mit Orangen, Drambuie und Southern Comfort auf Whiskybasis mit Orangen und Aprikosen, Limoncello mit Zitronen, Amaretto mit Mandel- und Aprikosenkernen und Cynar mit Artischocken. Hinzu kommen Liköre, die mit Kräuterextrakten aromatisiert werden, seien es die italienischen Cousinen Averna und Ramazzotti oder die deutschen Vettern Jägermeister und Kümmerling. Liköre bilden eine globale Familie und auch in der Küchenwelt haben sie sich ausgebreitet. Aufgrund ihres Zuckergehalts leben zwar die meisten auf dem Kontinent der Süßspeisen, manche migrieren aber auch gerne einmal zu herzhaften Hauptspeisen wie Ente à l'orange. Der Zuckergehalt bedeutet übrigens nicht, dass jeder Likör süß schmeckt. Angostura oder Kümmerling etwa haben solch mächtige Bitterstoffe, dass der Zucker zwar für ein Gegengewicht sorgt, nicht aber das Geschmacksregiment übernimmt. Sie heißen daher auch Magenbitter. Die Liköre – ein seltsames Völkchen.

Hausgeräucherte Entenbrust auf Meerfenchel

Vorspeise für 4–6 Personen

2 Entenbrüste
Räucherpulver

Meerfenchel
2 EL Olivenöl
1 Butterflocke
300–400 g Meerfenchel
1 EL Orangenschale, gerieben
Pfeffer
1 Knoblauchzehe, fein geschnitten
1 Schuss Orangenlikör
(Cointreau oder Grand Marnier)

Die Zubereitung dieser Vorspeise hat den Fotografen des Buches desillusioniert. Zum Räuchern, so dachte er, braucht es eine windschiefe Hütte, in der das Fleisch oder der Fisch stunden-, tage-, ja wochenlang hängt. In seiner Vorstellung war Räuchern eine aufwendige, fast geheime, jedenfalls romantische Angelegenheit. Und dann das: Keine Räucherhütte, nur ein bisschen Pulver in einem Topf, und in zwanzig Minuten ist alles vorbei. Diese Zubereitung hat allerdings eine Voraussetzung: Ohne gut funktionierende Dunstabzugshaube sollte man es lieber lassen. Während des Räucherns bleibt der Rauch zwar im Topf eingeschlossen, sobald man ihn jedoch öffnet, gibt es für den Qualm kein Halten mehr. Man kann jedoch auch alles ganz anders sehen: Der Qualm riecht gut und das Ergebnis lohnt in jedem Fall das Abenteuer. Als der Fotograf die würzig-rauchige Entenbrust probiert hatte, war er jedenfalls wieder bester Laune. Das Räucherpulver kann man bei diversen Anbietern im Internet bestellen. Noch ein Wort zum Meerfenchel: Die zarten grünen Stengel, auch Salicorn oder Queller genannt, wachsen dort, wo es Ebbe und Flut gibt. Das Meerwasser gibt den Vitaminbomben auch ihren stark salzigen Geschmack.

Zunächst gilt es, die Räucherkammer einzurichten: Man braucht einen Topf und ein Metallsieb (ideal ist ein Spitzsieb), in das die Entenbrüste hineinpassen und das man in den Topf hängen kann. Gleichzeitig muss eine metallene Schöpfkelle her, die so unter das Sieb in den Topf gestellt bzw. gehängt wird, dass sie heraustropfendes Fett auffängt. Der Stiel darf ruhig aus dem Topf herausschauen. Geschlossen wird der Topf, indem man ein feuchtes Küchenhandtuch um den Rand windet und auf dieses entweder den Deckel oder zwei Lagen Alufolie legt. Am besten, man übt ein bisschen, bis alles sitzt.

Nun geht es los. So viel Räucherpulver in den Topf geben, dass der Boden weitgehend bedeckt ist. Die Vorrichtung aus Sieb und Kelle einbauen. Den Deckel (die Fettschicht) der Entenbrüste kreuzweise einschneiden und diese in das Sieb legen. Den Topf verschließen, Herd an, Dunstabzugshaube ebenso. Immer mal wieder einen schnellen Blick wagen. Sobald das Pulver glimmt, den Herd auf kleine Hitze stellen. Das Fleisch fängt an zu schwitzen. Nach 20 bis 25 Minuten sind die Brüste gut – sie sollten in der Mitte noch schön rosa sein.

In der Zwischenzeit die Beilage zubereiten. Das Öl und die Butter in einer Pfanne erhitzen, den Meerfenchel darin sautieren (wem er zu salzig ist, kann ihn zuvor kurz in ungesalzenem Wasser blanchieren). Ordentlich pfeffern, Orangenschale und Knoblauch zufügen. Nun einen Schuss Orangenlikör dazu, Vorsicht, der Alkohol kann sich entzünden. Fertig. Der Meerfenchel sollte noch schön knackig sein.

Die Entenbrust in dünne Scheiben schneiden und auf dem Meerfenchel anrichten.

Kaninchen à la Chartreuse auf Sellerie-Tomaten-Gemüse und weißen Bohnen

Für 4–6 Personen

Dass es eine Sauce „in sich hat", ist eine beliebte Kochbuchfloskel. Selten aber dürfte sie so wahr sein wie bei diesem Rezept. Die neben aufgelisteten Zutaten sind nämlich nur der offensichtliche Teil dessen, was dem Kaninchen und der Sauce Aroma verleiht. Hinzu kommen 130 Kräuter und Gewürze, die im Chartreuse enthalten sind. Der Kräuterlikör wird seit nunmehr 400 Jahren exklusiv im Kartäuserkloster Grand Chartreuse produziert. Bis heute, so heißt es, kennt lediglich eine Handvoll Mönche die genaue Rezeptur. Und erst, wenn einer von ihnen stirbt, wird ein neuer Bruder eingeweiht. Die Chartreuse-Formel – sicherer gehütet als die von Coca-Cola. Es bleibt noch der Hinweis, dass dieses Gericht Weitsicht erfordert. Das Kaninchen wird nämlich mindestens 48 Stunden mariniert und die Bohnen müssen über Nacht quellen.

Für die Marinade alle Zutaten miteinander vermischen. Die Kaninchenteile darin einlegen und zwei Tage im Kühlschrank ziehen lassen. Danach das Fleisch aus der Marinade nehmen – diese zur Seite stellen–, abtupfen, salzen und pfeffern und in einer großen Pfanne in Butterschmalz von allen Seiten anbraten. Herausnehmen. Das Olivenöl in die Pfanne geben und das Gemüse – Sellerie, Karotten, Petersilienwurzeln und Kartoffeln – darin gut anschwitzen. Mit dem Tomatenmark glacieren. Den grünen Pfeffer zugeben. Nun hat die Marinade ihren zweiten Auftritt: Mit ihr das Gemüse ablöschen. Die Kaninchenteile dazugeben, etwa einen halben Liter Wasser zugießen und das Ganze 40 Minuten schmoren. Das Fleisch und die Zweige aus der Sauce nehmen. Diese noch etwas einkochen und eventuell mit in geschmolzener Butter verrührtem Mehl binden. Abschmecken.

Die Bohnen über Nacht in dem kaltem Wasser quellen lassen. Am nächsten Morgen den Wein zugießen und den Lorbeer zufügen. Das Wasser zum Kochen bringen, die Hitze reduzieren und die Bohnen wachsweich kochen – das dauert eine gute Stunde. Nach 30 Minuten Salz zugeben. Darauf achten, dass die Bohnen die ganze Zeit über bedeckt sind, bei Bedarf Wasser nachfüllen. Abgießen. Die Bohnen vor dem Servieren mit etwas Butter, Olivenöl, Knoblauch und Thymian in einer Pfanne schwenken und abschmecken. Für die zweite Beilage die Butter in einer Pfanne schmelzen. Den Sellerie darin andünsten, die Tomaten zufügen und mitdünsten. Mit Weißwein ablöschen, etwas Thymian und Knoblauch zugeben und das Gemüse noch einen kurzen Moment brutzeln lassen. Der Sellerie soll aber bissfest bleiben. Getrocknete Tomaten, Basilikum, Orangensaft und Thymian zugeben und mit Salz und Pfeffer abschmecken.

Kaninchen, Sellerie und Bohnen auf Tellern anrichten. Als letzten Akt die Sauce über das Fleisch gießen.

Marinade
200 ml Chartreuse
1/2 l Rotwein
4 Knoblauchzehen, geviertelt
1 Rosmarin- und 3 Thymianzweige
3 Lorbeerblätter
7 Wacholderbeeren
1 mittelscharfe Peperoni, geschnitten

Fleisch
1 Kaninchen (etwa 1,5 kg), vom Metzger in Stücke zerteilt
Salz und Pfeffer
2 EL Butterschmalz
3 EL Olivenöl
4 Stangen Staudensellerie,
3 Karotten, 1 Petersilienwurzel und
2 mehlige Kartoffeln, alles in kleine Würfel geschnitten
1 kleine Dose Tomatenmark (140 g)
1 EL grüner eingelegter Pfeffer
1/2 l heißes Wasser
evtl. Butter und Mehl

Bohnen-Beilage
250 g weiße Bohnen
1 l kaltes Wasser
200 ml Weißwein
1 Lorbeerblatt
Salz
1 EL Butter
1 Schuss Olivenöl
1 Knoblauchzehe, geschnitten
2 Thymianzweige, abgezogen

Sellerie-Beilage
2 EL Butter
1 Staudensellerie, geschnitten
300 g Kirschtomaten
kräftiger Weißwein zum Ablöschen
1 Thymianzweig, abgezogen
1 Knoblauchzehe, geschnitten
5 Basilikumblätter, geschnitten
Saft von 1/2 Orange
5 getrocknete Tomaten, geschnitten
Salz und Pfeffer

Eierlikör-Kuchen

Für 1 Kuchen

Die Zubereitung von diesem Käsekuchen mit Prozenten geht flott: Ein Mürbeteig wird kurz angebacken, mit einer Eierlikör-Schichtkäse-Masse überzogen und noch einmal der Hitze ausgesetzt – fertig. Ein anderer Name für Eierlikör, hierzulande noch immer der Lieblingssprit betagter Damen, ist übrigens Advocaat bzw. Advokat. Hier wird es bizarr: Angeblich haben niederländische und portugiesische Kolonisatoren im 17. Jahrhundert bei den Tupi-Guarani-Stämmen am Amazonas den „Abacate" entdeckt, ein Getränk aus Rohrzucker, Rum und dem Fruchtfleisch von Avocados. In Europa scheiterte die Produktion allerdings, weil die Avocado nicht gedeihen wollte. Und so wurde das butterweiche Fruchtfleisch durch etwas ersetzt, das ähnlich aussah: Eidotter. Experimentierfreudige können es ja mal wagen – und einen Avocadolikör-Kuchen backen.

Teig
250 g Mehl
150 g Butter
2 Eier
60 g Zucker

Belag
500 g Schichtkäse
150 ml Eierlikör
2–3 EL Zucker
4 Eigelb
Mark von einer 1/2 Vanilleschote

Für den Mürbeteig alle Zutaten zügig zu einem Teig kneten und diesen mindestens eine halbe Stunde kalt stellen. Anschließend ausrollen und in eine gefettete Springform mit einem Durchmesser von 26 cm geben. Mit einer Gabel einige Male einstechen. Den Teig für fünf Minuten im Ofen bei 190 Grad anbacken, wieder herausnehmen und, falls er sich nach oben gewölbt hat, wieder platt drücken. Für den Belag alle Zutaten zu einer glatten Masse verrühren und diese auf dem Mürbeteig verteilen. Den Kuchen bei 170 Grad etwa 40 Minuten backen.

Mango-Smoothie mit Orangen- und Minzlikör

Für 4 Smoothies

Ein Muss für diesen gehaltvollen Smoothie, der irgendwo zwischen Drink und Dessert angesiedelt ist, sind aromatische und reife Mangos. Diese bekommt man in indischen oder thailändischen Geschäften, oft allerdings nur zur Saison. Am geschmackvollsten sind die sogenannten Flugmangos. Sie werden nämlich in reifem Zustand vom Baum gepflückt und kommen mit dem Flieger auf den europäischen Markt. Das Gegenteil sind Früchte, die noch grün gepflückt werden und auf der langen Reise in den berühmt-berüchtigten Reifecontainern im Bauch großer Tanker auf wundersame Weise Geschmack bekommen sollen. Wenn man nur die grünen Mangos aus dem Supermarkt bekommt, deren Konsistenz mehr an Pressspan erinnert denn an Fruchtfleisch, sollte man besser verzichten. Dann schon lieber Mango-Pulp aus der Dose.

Das Fruchtfleisch der Mangos, das Eis und den Zucker in einer Küchenmaschine oder einem Mixer zu einer dickflüssigen Konsistenz verarbeiten. Mit Limettensaft und Orangenlikör abschmecken. In ein gekühltes Glas geben und noch einen Spritzer des grünen Minzlikörs darüber geben – fertig sind die Achtzigerjahre.

2 Mangos, geschält und vom Stein geschnitten
5 Handvoll Crushed Ice
4 EL Zucker
1 Spritzer Limettensaft
6 cl Orangenlikör (Cointreau oder Grand Marnier)
2 cl Crème de Menthe

Charles Schumann, Jg. 1941, ist Inhaber des Schumann's in München (www.schumanns.de), und so etwas wie der deutsche Papst der Cocktail-Kultur. Sein Buch „American Bar“, im weinroten Einband, ist zum Klassiker geworden. Cocktails wie Flying Kangaroo oder Swimming Pool hat er selbst kreiert. Vor einigen Jahren hat sich Schumann, der auch Werbekampagnen von BOSS sein Gesicht geliehen hat, von der Bar in die Küche des Schumann's zurückgezogen.

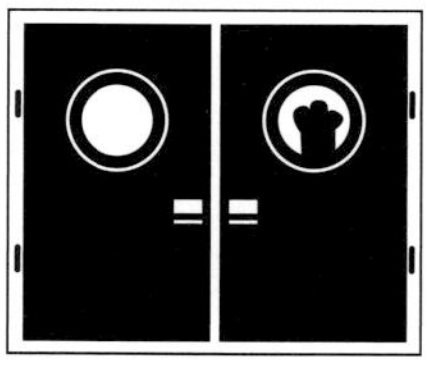

Das braucht man doch alles nicht. *Er kennt sämtliche Spirituosen der Welt und weiß, wie man sie einsetzt und welche wozu passt.* **Charles Schumann** *ist Deutschlands berühmtester Barmann. Und seit vielen Jahren kocht er auch in seiner Bar. Doch was hat die Kunst des Mixens mit der des Kochens zu tun? Ein Gespräch voller Überraschungen.*

In dem Klassiker „American Bar" geht es auch um Grundsätze bei der Zubereitung von Cocktails. Zum Beispiel, dass ein klassischer Cocktail aus drei Elementen besteht: einer Basisspirituose, einem Modifier, der die Richtung des Getränks bestimmt, und einem Flavouring Agent, der für das Aroma sorgt. Woher aber weiß man, was zusammenpasst?
Man muss sich heranarbeiten. Als ich vor 30 Jahren in der Gastronomie angefangen habe, war das Cocktailtrinken fast in Vergessenheit geraten. Es gab kein brauchbares Cocktail-Buch und nur wenige, die ihr Wissen vermitteln konnten und wollten. Ich hatte damals zum Beispiel einen Barmann vor mir, der mir, obwohl er große internationale Erfahrung hatte, nichts weitergegeben hat. Nachdem er zum Alkoholiker geworden war, habe ich seinen Platz eingenommen – was niemals leicht ist – und mir mühsam ein Wissen über Cocktails zusammengetragen. Ich habe vieles ausprobiert und schließlich mein eigenes Buch herausgebracht. Im Nachhinein habe ich allerdings feststellen müssen, wie lückenhaft mein Wissen damals war.

Jedes Getränk hat einen anderen Charakter. Welches „Temperament" haben zum Beispiel ein Cognac, ein Portwein und ein Wodka?
Ich charakterisiere Getränke am liebsten danach, zu welchen Anlässen sie passen. Wodka zum Beispiel kann man den ganzen Abend über trinken. Man kann ihn auch als Muntermacher verwenden. Einen Cognac aber trinke ich nicht zwischendurch, einen Cognac genieße ich nach einem Abendessen – ein Cognac ist ein Getränk, auf das ich mich freue. Ein Vintage Port, das kann man von den Engländern lernen, passt wunderbar zum Dessert oder zu Käse.

Und was macht Gin zur Spirituose Nummer eins in der Bar? Seine Anpassungsfähigkeit?
Es gibt immer wieder neue Trends. Für eine Weile ist dann zum Beispiel Cachaça in Mode. Aber Gin und auch Wodka passen eben zu vielem, deswegen sind sie in jeder Bar immer aktuell.

„Wer kultiviert und bewusst trinkt, wird niemals zum Cocktailtrinker werden. Niemals."

Wo liegen denn die Grenzen? Was passt nicht zusammen?
Ich würde zum Beispiel niemals Gin und Wodka, Wodka und Whisky oder Wodka und Brandy zusammenschütten. Vor allem aber sollte das Getränk zur Situation passen. Ein Barmann muss dafür sorgen, dass die Leute nicht alles durcheinander „saufen". Es kann ja wohl nicht sein, dass er am frühen Abend einem Gast, von dem er weiß, dass er noch Essen gehen wird, Cocktails mit Sahne oder Kokosmilch hinstellt. Da liegen die Grenzen. Ein Aperitif muss den Gast aufrecht und mit Appetit an den Tisch gehen lassen – das tut ein Martini dry nun mal. Aber es wird ja eh' nicht mehr viel getrunken. Die Leute, die mittags zum Essen zu uns kommen, trinken Wasser. Wobei ich glaube, dass man auch noch arbeiten könnte, wenn man mittags zum Essen ein kleines Glas Wein getrunken hat. Das dürfte doch kein Problem sein. Früher gab es ja Kulttrinker. Aber die sind entweder alle tot, liegen im Sterben oder irgendein Arzt hat ihnen erzählt, dass sie bald tot sein werden, wenn sie das Trinken nicht sein lassen.

Sie selbst stehen im Schumann's nun schon einige Jahre in der Küche. Gelten beim Kochen denn vergleichbare Grundsätze wie beim Mixen von Cocktails?
Voraussetzungen sind hier wie da, dass Sie Zutaten von bester Qualität haben und sich mit diesen sehr gut auskennen. Alle anderen Regeln kann man sich schenken. Ich habe mich jedenfalls nie an welche gehalten. Ich bereite Drinks aus dem Bauch heraus zu und mache es in der Küche genauso. Ich nenne das Spontan-Küche. Wir haben hier im Schumann's einen super Fleisch- und Gemüseteller. Da schaue ich mich um und entscheide, was ich koche.

Hat Ihnen die Bar-Erfahrung beim Wechsel in die Küche denn geholfen?
Nein, ich musste anfangs alles neu lernen. Es ist umgekehrt. Einen guten Koch kann man leicht hinter eine Bar stellen. Aber mit einem Barmann können Sie in der Küche nichts anfangen. Ein guter Koch hat einfach viel mehr Ahnung von den Zutaten. Daher hat er auch ein feines Gespür dafür, wie man einen Cocktail rund macht.

Und wie macht man einen Cocktail rund?
Ich bin eigentlich kein Cocktailtrinker.

Wie bitte – Sie sind doch mit Cocktails berühmt geworden?
Ich trinke am allerliebsten pur. Einen Whisky, Portwein oder Wein meines Geschmacks ziehe ich jedem Cocktail vor. Ich glaube, dass Leute, die kultiviert und bewusst trinken, auch mal einen Cocktail bestellen – aber sie würden niemals zum Cocktailtrinker werden. Niemals.

Was schätzen Sie zum Beispiel an einem Whisky?
Ich mag Getränke, von denen ich keine großen Mengen trinken muss und die ich auch mal ein paar Minuten stehen lassen kann. Ein Cocktail, der lange steht, ist „tot". Ganz gleich, wie gut er zubereitet ist, irgendwann flacht er ab und die Zutaten, die man zusammen geschüttelt oder gerührt hat, fließen wieder auseinander. Einen Cocktail sollte man also eher zügig zu sich nehmen. Das heißt nicht, dass Sie einen Whisky Sour gleich runterkippen müssen, aber Sie sollten sich auch nicht eine halbe Stunde am Glas festhalten.

Sie haben einmal geschrieben, dass Gin, Wodka, Bourbon, weißer und brauner Rum, Vermouth und Campari die Spirituosen sind, die unbedingt in eine Bar gehören. Welche Flaschen stehen in der Küche im Schumann's?
Wein. Ansonsten eigentlich keine.

Sie kochen nicht mit Alkohol?
Wenn ich klassische Rezepte mache wie ein Coq au Vin, dann nehme ich natürlich Rotwein oder Weißwein. Aber sonst? Und zu Hause koche ich kaum noch, höchstens einen Teller Spaghetti oder ein Spiegelei.

Sie haben in Ihrer Bar Hunderte Spirituosen bester Qualität – und da lockt es sie nicht, mit diesen Aromen in der Küche zu experimentieren?
Nein. Mit welchen Spirituosen sollte man in der Küche denn kochen?

Mit allen. Mit einem Grand Marnier ...
... kann man Süßspeisen machen, okay ...

Er passt aber auch zur zu Ente. Mit Wodka ....
Ich kann mich erinnern, als ich in der Nähe von Bayreuth zur Schule gegangen bin, sind wir nachts oft in eine Bar gegangen. Da gab es immer Tomatensuppe mit Wodka. Bah.

Sie verkaufen jeden Abend Dutzende von Bloody Marys, aber wenn das gleiche warm als Suppe serviert wird, sagen Sie „bah"?
Eine Tomatensuppe ohne Wodka schmeckt mir besser. Für mich ist das Effekthascherei.

Dann müsste Ihnen aber auch ein Tomatensaft besser schmecken als eine Bloody Mary.
So ist es auch. Das braucht man doch alles nicht. Wenn wir schon über Esskultur reden: Ich finde es auch entsetzlich, dass es in der Hälfte der Restaurants keine runden Teller mehr gibt. Was soll denn das? Alles bekommt man mittlerweile auf eckigen, farbigen und viel zu großen Tellern. Ein Teller ist nun mal rund. Ich finde, man kann alles übertreiben. Wenn ich in der Küche ein Dessert mache, hole ich mir eben einen Likör von der Bar. Punkt. Heutzutage wird auch in Bars viel zu viel rumexperimentiert. Vieles davon ist einfach nur gruslig. Als Aperitif trinke ich persönlich immer Campari, ich probiere gar nichts anderes. Genauso ist es auch in der Küche.

Sie sagen also: Alkohol gehört ins Glas, aber nicht auf den Teller.
Genau. Ich will keinen Alkohol in meinem Essen haben. Man sollte sich an die klassischen Sachen halten.

Wenn Sie uns zuliebe doch einmal mit Alkohol kochen müssten: Was würden Sie machen?
Ich würde mir in der Küche ein heißes alkoholisches Getränk zubereiten.

Whisky 159

MacMalz und Uncle Mais

Von der Zusammenstellung der Getreide über die Form des Destilliergeräts bis zur Lagerung – die Welt der Whiskys ist eine komplizierte. Das beginnt schon bei der Schreibweise: Ein Whisky ohne „e" ist ein schottischer, mit „e" stammt er aus Irland oder den USA. Basis für jeden ist zwar hier wie dort Getreide, das vergoren und destilliert wird. Dann aber scheiden sich die Geister. Vereinfacht kann man es so sagen: Die intensivsten und individuellsten Whiskys sind die schottischen Malts, die dann Single Malts heißen, wenn sie nur aus einer einzigen Destillationscharge stammen. Schottische Malts werden ausschließlich aus gemälzter Gerste, also aus Malz, hergestellt, das über einem Torffeuer gedarrt wird. Daher auch ihr markanter rauchiger Geschmack. Ein Scotch reift mindestens drei, in der Regel aber etwa zehn Jahre in Eichenholzfässern, zum Ende hin oft in Fässern, in denen zuvor Sherry oder Bourbon gelagert wurde. 90 Prozent aller Scotchs sind jedoch keine reinen Malts, sondern Blends. Hierfür werden Malts mit sogenannten Grains verschnitten, also mit leichteren Varianten, die aus verschiedenen Getreidesorten produziert werden. Im Gegensatz zu Scotchs wird die Gerste bei einem irischen Whiskey weder vollständig gemälzt noch getorft. Zudem wird er nicht nur zwei-, sondern dreifach destilliert. Ein Irish ist daher meist mild und sehr rein. Die wichtigsten Whiskeys aus den USA – in der Regel gefällige Typen – sind die vorwiegend aus Roggen gebrannten Ryes und die süßlichen, vorwiegend aus Mais gewonnenen Bourbons. So viel dazu. Welche Sorte man in der Küche verwendet, ist Geschmackssache. Grundsätzlich kann man mit Whisky zum Beispiel kräftige Saucen aromatisieren und – etwa mit Ingwer, Honig, Zitronensaft und Olivenöl – würzige Marinaden herstellen. Da er auch prächtig mit Schokolade harmoniert, sollte man ihn auch auf Süßspeisen loslassen. So kann man einen dunklen Rührkuchen, den man gerade aus dem Ofen geholt hat, damit bepinseln. Alkohol dampft ab, das Aroma bleibt.

Hamburger mit Barbecue-Sauce auf Weißkraut- und Tomatensalat mit Salzkrustenkartoffeln

Für 4 Personen

Bei diesem Rezept entsteht ein in doppelter Hinsicht „purer" Hamburger. Zum einen wird er nicht zwischen zwei Brötchenhälften eingeklemmt. Zum zweiten wird die Bulette nicht mit Ei oder aufgeweichtem Brötchen verlängert – sie besteht zu hundert Prozent aus Fleisch. Ideal ist Fleisch aus der Hüfte, das einen intensiven Geschmack hat und durch seinen Fettgehalt besser zusammenhält als ein Filetstück. Der obligatorische Ketchup kommt hier nicht aus der Flasche. Vielmehr köchelt man sich eine raffinierte Barbecue-Sauce mit Orangensaft, Espresso und Whisky. Ungewöhnlich ist auch die Zubereitung der Kartoffeln, die bei hohen Temperaturen in einem Meer aus Salz baden, das ihnen Wasser entzieht. Die Schale wird salzig-knusprig und das Innere fast so weich wie Kartoffelbrei. Dazu gibt es zwei Salate.

Es ist ein Tag vor dem Hamburger-Essen. Zeit, den Weißkrautsalat zuzubereiten, da er 24 Stunden ziehen muss. Den Weißkohl so fein wie möglich hobeln und das Kraut bis auf den Kümmel mit allen anderen Zutaten in einer Schüssel vermischen. Das Mineralwasser darüber gießen, Deckel drauf und kalt stellen. Die Kohlensäure macht sich über das Kraut her und lässt es weich werden.

Der Tag des Hamburgers ist gekommen. Für die Sauce die Zwiebeln im Öl glasig dünsten. Nach und nach die übrigen Zutaten zugeben und die Sauce etwas einkochen. Mit Salz, Pfeffer und Zucker abschmecken, mit geriebener Orangenschale und eventuell mit einem Wermut wie „Pimm's" verfeinern – „Pimm your Sauce". Zur Seite stellen.

Die Kartoffeln in eine feuerfeste Form geben. Das Salz mit dem Kümmel vermischen und über die Kartoffeln schütten, sodass diese vollständig bedeckt sind. Die Form kommt bei hoher Temperatur – 220 Grad aufwärts – für etwa eine Stunde in den Backofen. Anschließend die Kartoffeln aus der Salzkruste brechen und die Schale von Salzresten befreien.

Das Rinderhack in Hamburger-Form bringen. Mit viel frischem Pfeffer und etwas Salz würzen und ab damit in die Pfanne mit heißem Öl. Kräftig anbraten. Nach dem Wenden auch die andere Seite würzen. Der Hamburger ist gut, wenn sich innen noch eine feine rote Linie abzeichnet, er also fast, aber auch nur fast, durch ist. Zuverlässig funktioniert die Fingerdruckmethode: Wenn man mit einem Finger auf das Fleisch drückt, sollte es sich nicht mehr matschig anfühlen, aber noch Saft an den Seiten austreten.

Für den Tomatensalat alle Zutaten mischen und mit Salz abschmecken. Beim Weißkrautsalat den Sud abgießen, Kümmel ans Kraut geben und noch einmal abschmecken. Wer mag, kann beim Anrichten stapeln: Den Tomaten- auf den Weißkrautsalat setzen, den Hamburger darauf betten und alles mit der Barbecue-Sauce krönen. Die Kartoffeln liegen daneben.

Weißkrautsalat
1/4 Weißkohl, sehr fein gehobelt
3 EL Crème fraîche
3 EL Zitronensaft
Salz und Pfeffer
1 TL Zucker
1 Glas Mineralwasser
1 TL Kümmel

Sauce
2 kleine rote Zwiebeln, sehr fein geschnitten
2 EL Olivenöl
1–2 EL Tomatenmark
200 ml Orangensaft, frisch gepresst
1 doppelter Espresso
4 cl mild-liköriger Whisky (z.B. Canadian Club)
Salz und Pfeffer
1 Prise Zucker
Schale von 1 Orange, gerieben
evtl. 1 Schuss Wermut

Kartoffeln
16–20 kleine Kartoffeln (etwa 500 g)
etwa 1 kg Salz
1 Handvoll Kümmel

Hamburger
450 g bestes Rinderhackfleisch
Salz und Pfeffer
Pflanzenöl zum Anbraten

Tomatensalat
8 Eiertomaten, gewürfelt
1/2 Bund Petersilie, gehackt
6 EL Olivenöl
3 EL Zitronensaft
Salz

Rinderfilet an Schokoladen-Glace mit lila Kartoffelgratin und Brokkoli

Für 4 Personen

Gutes Rinderfilet könnte man im Grunde schon in rohem Zustand als Delikatesse anbieten. Einen Tupfen Wasabi-Paste daraufgeben und fertig ist das „Sushi porteño". Hier kommen die kurzgebratenen Filets in Begleitung einer dunklen Schokoladensauce, nach der man sich die Finger leckt: leicht scharf durch Chili und Pfefferkörner, hintergründig süß durch die herbe Schokolade und abgerundet durch eine dezente Whisky-Note. Bei dem Gratin hat man die Qual der Wahl: Bernadette, Divina, Turbo, weltweit sind etwa 2000 Kartoffelsorten registriert, aus unerfindlichen Gründen tragen viele Frauennamen. Das Bundessortenamt in Deutschland hat etwa 160 verschiedene Kartoffelsorten zugelassen. Für die hier vorgeschlagene lila Variante eignet sich die „Vitelotte".

Die Kartoffeln gründlich putzen und in sehr dünne Scheiben hobeln. Diese mit den Kräutern und dem Knoblauch mischen und in eine gebutterte Form füllen. Diese sollte so groß bzw. so klein sein, dass die Kartoffeln gerade so hineinpassen. Die Sahne salzen und pfeffern und über die Kartoffeln gießen. Sie sollten bedeckt sein. Das Gratin im Backofen bei 160 Grad etwa 20 Minuten backen. Prüfen, ob die Kartoffeln gar, aber noch bissfest sind. Ein Tipp: Die Form sollte nicht zu niedrig sein, da die Sahne leicht überkocht.

Den Brokkoli in Salzwasser in etwa acht Minuten bissfest garen. Da er später noch zum Überbacken in den Ofen kommt, sollte er nicht zu weich sein. Dem Wasser etwas Backpulver beifügen, dann behält das Gemüse seine intensive Farbe. Den Brokkoli aus dem Topf nehmen und sofort mit kaltem Wasser abschrecken. Das Gemüse in eine ofenfeste Form geben, mit den Käsescheiben belegen und im Ofen ebenfalls bei 160 Grad überbacken.

Das Fleisch salzen und pfeffern. Die Filets in einer Pfanne in heißem Butterschmalz von beiden Seiten etwa zweieinhalb Minuten anbraten. Herausnehmen, mit Alufolie umwickeln und an einem warmen Ort stehen lassen, sodass sich die Säfte wieder verteilen. In der gleichen Pfanne die Butter schmelzen und den Zucker auflösen. Pfeffer, Chili und Rosmarin zugeben, kurz „schmurgeln" lassen. Anschließend den Kakao einrühren und mit dem Whisky ablöschen. Zum Schluss noch die Schokolade in der Sauce schmelzen. Abschmecken. Sollte die Sauce nicht mehr flüssig genug sein, noch etwas Whisky zugeben. Die Filets auf vorgewärmten Tellern mit den Beilagen anrichten und mit der Sauce übergießen.

Gratin
600–800 g lila Kartoffeln, in dünne Scheiben gehobelt
Oregano, Thymian und Rosmarin
2 Knoblauchzehen, fein geschnitten
etwa 200 ml Sahne
Salz und Pfeffer
Butter für die Form

Beilage
800 g Brokkoliröschen
Salz
1/2 TL Backpulver
100 g Artavaggio-Käse, in Scheiben geschnitten

Fleisch
4 Rinderfilets à 150–180 g pro Person
Salz und Pfeffer
Butterschmalz zum Anbraten
80 g Butter
2 EL Zucker
1 TL grüner Pfeffer
1 rote Chili, in Ringe geschnitten
1 EL Rosmarin, fein geschnitten
1 TL Kakaopulver
4 cl Whisky (ein vollmundiger Bourbon, z.B. Knob Creek)
20 g Bitterschokolade
Salz

Gemüse-Lamm-Eintopf mit Limette

Für 4 Personen

Dieser suppige Eintopf eignet sich bestens für kalte Wintertage. In den zwei Stunden, in denen das Lammfleisch schmort und es sich die Aromen in der Sauce gemütlich machen können, gelangt nämlich eine ordentliche Portion Wärme und Energie in das Gericht. Der Whisky gibt dem Ganzen eine rauchig-erdige Note, während der Limettensaft einen geschmacklichen Sonnenstrahl hineinbringt, der jeden noch so fiesen Wintertag erhellt. Ein Gericht mit antidepressiver Wirkung sozusagen.

Die Zubereitung ist ein einziges „rein in den Topf und raus aus dem Topf“: Zunächst das Lammfleisch in einem schweren Topf mit Butterschmalz von allen Seiten kräftig anbraten, dabei salzen und pfeffern. Das Fleisch aus dem Topf nehmen, denn nun kommt das Gemüse – von Karotte bis Zwiebel – hinein. Dieses anbrutzeln und mit dem Tomatenmark glacieren. Lorbeerblätter, Thymian, Rosmarin, Wacholderbeeren sowie Knoblauch zufügen und mit dem Rotwein ablöschen. Jetzt darf auch das Fleisch wieder hinein. Außerdem so viel heißes Wasser zugießen, bis alles bedeckt ist. Das Ganze etwa zwei Stunden schmoren lassen. Schließlich die Lorbeerblätter und die Zweige herausnehmen. Den Eintopf mit Whisky, Limettensaft, einem Spritzer Balsamico und Salz abschmecken. Letzter Akt: Koriander hinein. Und dann raus aus der Küche.

500 g Lammschulter, gewürfelt (Kantenlänge 2 cm)
2 EL Butterschmalz
Salz und Pfeffer
2 Karotten,
1 Staudensellerie,
1 Petersilienwurzel,
3 mehlig kochende Kartoffeln und
3 rote Zwiebeln, alles fein gewürfelt
2 EL Tomatenmark
4 Lorbeerblätter
einige Thymianzweige
1 Rosmarinzweig
8 Wacholderbeeren
3 Knoblauchzehen
1/2 Flasche Rotwein
4 cl Single Malt Whisky
Saft von 1 Limette
1 Spritzer Balsamico
frischer Koriander, geschnitten

Macadamia-Whisky-Pralinen mit Bambus-Grog

Für 20–24 Pralinen

Die hohe Kunst der Pralinenherstellung ist, zumindest in diesem Fall, eine recht einfache. Sie ist vor allem ein Spiel mit Temperatur und Konsistenz der Schokolade, an dessen Ende süße Bömbchen stehen, die für Stimmung sorgen. Der Bambus-Grog, den man heiß dazu trinkt, tut das Übrige. Prinzipiell gilt: Je besser die Schokolade ist, desto leckerer sind die Pralinen. Bei Milchschokolade wird es zum Beispiel ab einem Kakaoanteil von 40 Prozent interessant. Beim Schmelzen der Schokolade sollte das Wasserbad zwar warm, aber keinesfalls zu heiß sein. Vor allem weiße Schokolade mag keine hohen Temperaturen. Die Blätter für den Tee bekommt man in einem gut sortierten asiatischen Teeladen. Anders als bei Grünem Tee können die Bambusblätter ruhig mit kochendem Wasser übergossen werden. In der traditionellen chinesischen Medizin wird dieser Tee übrigens gegen „heißen Schleim" im Körper eingesetzt. Und Schokolade ist ohnehin die beste Medizin.

Pralinen
50 g handelsübliche Butterkekse
4 cl Whisky (ein milder Single Malt)
100 g Macadamia-Nüsse, gehackt
300 g weiße Schokolade und
200 g Milch- oder Bitterschokolade (nach Wunsch), in kleine Stücke geschnitten

Tee
2 EL Bambusblättertee
1 l kochendes Wasser
1 Orange
Honig
evtl. Orangenmarmelade
Whisky

Die weiße Schokolade im Wasserbad schmelzen. Die Butterkekse mit der Hand zerbröseln und den Whisky dazugeben. Gut vermischen, sodass der Keks den Alkohol aufsaugt. Die Nüsse untermischen und die flüssige weiße Schokolade zugeben (nur etwa vier EL zurückhalten). Alles vermischen und die Masse in den Kühlschrank stellen. Ist sie leicht fest geworden, kann man sie zu Kugeln in Pralinengröße formen. Diese wieder kalt stellen, am besten in der Gefriertruhe.

Nun die braune Schokolade schmelzen. Die gekühlten Kugeln auf einen Zahnstocher spießen – so lassen sie sich gut halten – und mit der flüssigen braunen Schokolade überziehen. Auf ein Stück Backpapier legen und wieder kalt stellen. Nun den Rest der flüssigen weißen Schokolade in eine kleine Plastiktüte geben und zu einem prallen Beutelchen pressen. In diesen mit einem Zahnstocher ein Loch hineinstechen. Die Pralinen mit flotter Hand mit feinen weißen Streifen „bemalen". Noch ein letztes Mal kalt stellen.

Die Bambusblätter mit einem Liter kochendem Wasser übergießen, vier Minuten ziehen lassen, dann abseihen. Aus der Orangenschale Zesten herausschneiden und in den Tee geben. Mit Honig und – wer mag – mit Orangenmarmelade süßen. Heiß servieren und je nach Verlangen einen kleinen oder größeren Schluck Whisky dazugießen.

Register

Vorspeisen

Suppen und Eintöpfe

Salate

Gemüsegerichte

Fisch- und Fleischgerichte

Beilagen

Saucen, Dressings und Dips

Nachspeisen und Gebäck

Drinks mit Einlage

Das Team

Konzept, Texte und Interviews

Nina Schellhase, Jg. 1975, ist Magazinjournalistin, mittlerweile auch Spezialistin für Gesundheitstelematik. Im Zazie Verlag macht sie, was sie will: Bücher, die sie mag. Kocht gerne, backt noch lieber. Ihre erste Tomatensauce mit Wein führte nicht gerade zum Gaumenrausch. Aber Rom ist ja auch nicht an einem Tag erbaut worden.

Christian Sälzer, Jg. 1971, ist Soziologe, der seit einigen Jahren als freier Journalist arbeitet. Schreibt Texte und macht Bücher (Theorie, Stadt, Kochen und Kunst). Kocht unter dem Label „Vokü deluxe" auch öffentlich. Und die erste Begegnung mit einer Kombination aus fester Nahrung und Alkohol? Sie führte zu einem frühen Rausch. Es war die Erdbeerbowle.

Rezepte

Simon Horn, Jg. 1983, betreibt seit vier Jahren das Restaurant Blumen in Frankfurt (14 Sitzplätze, vier Tage und nach Absprache offen, keine Karte, zwei wöchentlich wechselnde Menüs) und kocht dort. Unter dem Namen Seeblick (www.seeblickseeblick.de) organisiert er mit einem Team Veranstaltungen. Hier wie dort – er schafft gute Momente.

Art Direction und Grafik Design

Sebastian Schramm, Jg. 1975, führt in einer ehemaligen Feuerzeugfabrik in Offenbach ein Büro für Kommunikationsdesign. Entwickelt Erscheinungsbilder, gestaltet Jahresberichte, Webseiten, am liebsten aber Bücher. Hat für dieses Buch auch leidenschaftlich testgekocht – mit Vorliebe den Wodka Oyster. www.sschramm.com

Fotografie

Michael Hudler, Jg. 1970, lebt in Darmstadt und arbeitet seit vielen Jahren als freier Fotograf. Publikationen unter anderem in Brand Eins, Form, Neuland, Neon, Weltwoche, ZeitLeben. Seine Tochter isst immer noch am allerliebsten Gummibärchen und Oliven. Sein Sohn inzwischen auch. www.m-hudler.de

Für die Aufnahmen in „Kochen mit Alkohol" hat ihm **Eva Marie Herbert** assistiert.

Illustration

Andrea Ruhland, Jg. 1979, studierte Visuelle Kommunikation an der Hochschule für Gestaltung in Pforzheim. Arbeitet als Grafikerin und Illustratorin in Frankfurt und Offenbach. Fand es großartig, als Inspiration für die Illustrationen auch mal tagsüber ein Glas Alkohol oder das passende Gericht zu sich nehmen zu können. Musste ja wissen, was sie zeichnet.

Lektorat und Korrektorat

Eva Horn, Jg. 1956, Soziologin, betreibt ein freies Wirtschafts- und Werbelektorat, beobachtet auch Strafprozesse und schreibt darüber. Nebenbei lernt sie Sprachen, zurzeit Türkisch. Findet es schwer, aber tröstlich, dass es einige Worte gibt, die sie sich gut merken kann: armut (Birne), elma (Apfel) und nar (Granatapfel). Das gibt schon einen küçük meyve salate (kleinen Obstsalat).

Der Verlag
Zazie, die kleine Göre aus Raymond Queneaus Roman „Zazie dans le métro“ und Namensgeberin des Zazie Verlags, Jg. 2005, meldet sich zurück. Das erste Buch „Frankfurter Küchen. Rezepte aus zwölf Lieblingsrestaurants“ ist bislang in der dritten Auflage erschienen und wurde mit dem World Gourmand Award ausgezeichnet. „Kochen mit Alkohol. Rezepte und Interviews“ ist Zazies zweiter Streich. Und der dritte folgt bestimmt. www.zazie-verlag.de

Danke
Für ihre Mithilfe, Beratung, Anregungen, Kritik, ihren Zuspruch und offene Ohren danken wir: Filippo Amato, Zwen Bergmann, Larissa Bertonasco, dem Blumen-Team, Wolfgang Buechs, Ingrid Feinstein, Henning Füller, Siegfried Hünchen vom Bacchus-Weinhandel, Sonja Müller, Holger Priedemuth, Brigitte und HG Schellhase, Martin Schmitz-Kuhl, Stephie Schramm, Karen Ariane Schweg, Helmut Weber, Julia Wichmann, Anne Wolf und ganz besonders allen Interviewpartnerinnen und -partnern.

Impressum

Nina Schellhase, Christian Sälzer
und Simon Horn
Kochen mit Alkohol
Rezepte und Interviews

Fotografie
Michael Hudler

Foto-Assistenz
Eva Marie Herbert

Art Direction und Grafik Design
Sebastian Schramm

Illustration
Andrea Ruhland

Lektorat und Korrektorat
Eva Horn

Druck
Henrich Druck + Medien GmbH

Erste Auflage, Frankfurt am Main 2008

ISBN 978-3-00-022623-6
www.kochen-mit-alkohol.de